COLLECTION FOLIO

Elsa Triolet

Le destin personnel

suivi de

La belle épicière

Denoël

Ces nouvelles sont extraites du recueil *Mille regrets*
(Folio nº 1274).

Elsa Triolet est née Ella Kagan à Moscou, en 1896. Écrivaine de langue russe puis française, elle fut également traductrice, notamment d'Anton Tchékhov et de Vladimir Maïakovski (dont elle a été la belle-sœur et l'amie). Dans l'effervescence du Montparnasse des années 1920, elle rencontre Louis Aragon. Leurs œuvres ne cesseront, dès lors, de se construire en écho et elle sera une source d'inspiration essentielle pour l'auteur des *Yeux d'Elsa.* Le couple se marie en 1939. Résistante, figure du Parti communiste français, elle est la première femme à recevoir, au sortir de la guerre, le prix Goncourt pour son recueil de nouvelles *Le premier accroc coûte deux cents francs.* Parmi ses œuvres : *À Tahiti* (1925), *Fraise-des-Bois* (1926), *Camouflage* (1928), *Bonsoir, Thérèse* (1938), *Personne ne m'aime* (1946), *Les fantômes armés* (1947), *L'inspecteur des ruines* (1948), la trilogie *L'âge de nylon* (1959-1963), *Les manigances* (1962), *Le grand jamais* (1965) ainsi que *Le rossignol se tait à l'aube* (1970). L'écrivaine s'est éteinte le 16 juin 1970 à Saint-Arnoult-en-Yvelines, à l'âge de soixante-treize ans.

Lisez ou relisez les livres d'Elsa Triolet en Folio :

LE CHEVAL BLANC (Folio n° 48)

ROSES À CRÉDIT – *L'âge de nylon I* (Folio n° 183)

LUNA-PARK – *L'âge de nylon II* (Folio nº 358)

L'ÂME – *L'âge de nylon III* (Folio nº 306)

LES MANIGANCES (Folio nº 235)

LE ROSSIGNOL SE TAIT À L'AUBE (Folio nº 256)

LE PREMIER ACCROC COÛTE DEUX CENTS FRANCS (Folio nº 371)

LE MONUMENT (Folio nº 862)

LE GRAND JAMAIS (Folio nº 970)

L'INSPECTEUR DES RUINES (Folio nº 1070)

MILLE REGRETS (Folio nº 1274)

LES AMANTS D'AVIGNON (Folio 2 € nº 4521)

Le destin personnel

Cet hiver de 1940-41, Maman et mon beau-frère Paul, le frère de mon mari, avec sa femme et le petit, sont venus habiter chez moi. Maman a un appartement sans cheminée, on ne peut pas le chauffer, et le frère de Georges est sans travail. Maman couche dans le bureau de Georges, j'ai donné ma chambre à la famille du beau-frère, et moi-même je dors sur le canapé du petit salon. La seule pièce un peu chauffée est la salle à manger, c'est là que nous nous tenons dans la journée. Maman va à la messe, tricote et me répète à longueur de journée que j'ai bien tort de recevoir la famille de Georges, que Paul est un fainéant, que sa femme ne m'aide en rien et que le petit est mal élevé… Paul cherche du travail, court dans un Paris sans autobus, sans taxis, il téléphone, lit les petites annonces. Le reste du temps, il est exténué et fait marcher la radio. La belle-sœur a des maladies de femme. Enveloppée dans une vieille robe de chambre qu'elle met par-dessus deux tricots, elle reste toute la journée assise sur une chaise basse devant le poêle en fonte de la salle à manger. Les jouets du petit traînent un peu partout, mais il joue surtout avec ce qui n'est pas des jouets, il déchiquette livres et journaux et casse tout ce qu'il peut casser. Je sors pour faire la queue, je rentre pour préparer à manger. À table, il y a la conversation inépuisable sur le fait qu'il n'y a rien à manger. Le petit, perché sur sa chaise, jette de toute sa hauteur cuillères, verres et assiettes, ma mère boude, Paul lit le journal et sa femme prend des médicaments. Dans la salle de bains, glaciale, il y a quantité de serviettes, toutes sales et toujours mélangées ; la tablette au-dessus du lavabo est saupoudrée de dentifrice, le verre à dents porte sur le bord des demi-lunes blanches, la boîte à rimmel de la belle-sœur est ouverte, avec la petite brosse qui traîne dans la poudre fine du rouge à joues. Sur la table, à côté, il y a une multitude de fioles et de boîtes. Je n'y touche pas, personne n'a l'air d'y toucher, elles se couvrent de poussière comme des bouteilles de vieux vin. Du linge trempe dans le bidet. Au-dessus de la baignoire pendent les couches du petit. Pour tendre les ficelles, Paul a planté des clous dans le mur, un de ces murs qui refusent les clous. Ils tiennent à peine et, de temps en temps, la lessive tombe dans la baignoire. Alors on essaie de planter un clou à côté, le plâtre part sans que le clou rentre, et le mur est couvert d'un eczéma blanc. Une traînée jaune va du robinet au fond de la baignoire où il y a des auréoles jaunes… C'est toujours mouillé par terre, autour du siège des cabinets.

On dit de moi : « Charlotte est si serviable, elle aime tant faire plaisir. Et puis elle n'a pas d'enfants… » Quand dans la famille de Georges un enfant a la scarlatine, c'est à moi qu'on colle tous les autres, pour éviter la contagion. C'est chez moi que loge la vieille cousine de Georges, quand elle vient à Paris consulter un spécialiste, parce que son estomac ne garde rien. C'est à moi qu'on demande de chercher une chambre pour le jeune nigaud qui vient faire ses études à Paris… Il faut bien que je nourrisse mon éternelle solitude. Alors je suis bonne, je suis généreuse. Eh bien, quoi : puisque c'est vrai ! Comme il est vrai que je n'ai rien d'autre à faire que d'être bonne. Puisque je me suis embringuée dans cette vie avec Georges. On peut tuer le temps ou soi-même, cela revient au même, strictement. Georges, le pauvre Georges qui est prisonnier, disait que j'étais une originale, mais que j'avais un cœur d'or. Ainsi naissent les légendes. Dorénavant j'aurai beau n'être bonne que quand cela me profite, la légende restera.

L'hiver est passé, malgré tout. Le printemps aussi. J'ai appris que pour être prophète il suffisait d'être pessimiste, puisque chaque question se résout toujours dans le sens le plus tragique. Je finirai par m'attendre à ce que tout ce que je crains arrive, irrémédiablement. C'est ça, le pessimisme. C'est quand chaque crainte devient certitude, car avant je *craignais* que le petit François ne soit tué, mais je n'y *croyais* pas. Maintenant j'y aurais cru et j'aurais eu raison : il a été horriblement estropié, mieux vaut la mort. Il en est de même pour toutes les autres catastrophes : elles sont arrivées, les catastrophes que l'on craignait, toutes, toutes les plus invraisemblables, les plus atroces. Mais si cette idée prend corps en moi, je finirai par *croire* à ma propre mort et c'est ça, le pessimisme. Voilà comment je suis devenue par la force majeure des choses. Mais il fallait être Georges pour dire de moi que j'étais une pessimiste déjà dans les temps jadis, quand je ne savais pas encore ce que c'était. Ma minceur, mon teint jaune, mes silences, mes colères à voix sifflante, mes fièvres, ce caractère pour lequel en pension on m'avait surnommée Gale-Poison, il expliquait le tout par le pessimisme. En règle générale, quand Georges dit quelque chose il suffit d'en prendre le contre-pied pour être dans le vrai. Ceci ne l'a pas empêché d'être considéré comme le fils le plus réussi d'une famille nombreuse et de briller à la sortie du séminaire dans les salons de Strasbourg. Depuis qu'il est à Paris, il brille moins, mais comme il gagne de l'argent avec son étude d'avoué, il est assez satisfait de la vie, tout en me rappelant de temps en temps qu'il a été l'homme le plus brillant de Strasbourg.

Voyons, d'où pourrait nous venir le salut ? Je ne sais plus à quel saint me vouer, et chaque solution est la pire... Vaut mieux ne pas s'attendrir sur nous-mêmes ; chacun aura encore besoin de larmes et de forces. Ah, ça leur fait une belle jambe à ceux que je pleure au 15 de la rue de l'Éperon ! Mais une de ces nuits de cauchemar, d'insomnies de cauchemar, où je me noie dans un amour malheureux pour mon pays... Et pourtant, non, je ne ferais à personne le plaisir de prendre l'exit ! J'ai le cœur d'or d'une pétroleuse, n'en déplaise à Georges. Georges, lui, remplace la bonté par la sentimentalité, devant tous les lieux communs de la bonté il est à ramasser à la cuillère, d'attendrissement : chien blessé, vieillard aveugle, enfant déguenillé, tout lui est bon. Je fais comme lui, c'est plus simple ; alors il ne peut pas savoir.

C'est au mois de juillet que j'ai reçu une lettre de Margot : elle me demandait de venir chez eux, dans leur maison près de la ville de L..., en pleine campagne. Margot est une amie de pension, et j'ai connu son mari, Jean-Claude, bien avant qu'elle ne l'ait rencontré, elle. Ils ont une petite fille, Janine, belle comme le jour. Elle a déjà dix ans, une grande fille.

Oui, j'irai passer l'été chez eux. Leur maison

sans eau ni électricité, à quinze kilomètres de toute habitation, ne m'effraye pas. Margot en a hérité d'un grand-oncle et comme en même temps il s'était présenté à L… une très belle situation pour Jean-Claude, ils ont quitté Paris, juste avant la guerre, avec l'intention de s'installer à L… et d'aménager la maison du grand-oncle pour l'été. Mais la guerre est arrivée : plus un appartement, plus une chambre à L…, plus moyen d'aménager la maison, plus d'auto… Il fallait s'accommoder des choses comme elles étaient. Margot m'écrit : « … J'ose à peine te proposer de venir… » Je tâcherai d'obtenir mon *ausweis*, sinon je m'arrangerai…

Paris était beau par ce mois de juillet 41. Paris est toujours beau, quoi qu'il arrive. Silencieux et vide comme une cathédrale où rôdent quelques touristes admiratifs. Aux carrefours, des grandes flèches de bois indiquent noir sur blanc des directions lointaines, comme si les grands boulevards étaient une route nationale qui mène ailleurs, et l'air de Paris est pur comme celui des grandes routes et des champs. Ses murs pâles ont perdu les couleurs des réclames, ceux du métro sont maintenant d'un beige propre et lisse : quel est le produit qui aujourd'hui aurait besoin de publicité ? Les belles Parisiennes, coiffées de bouquets de fleurs et de grandes voilettes, foulent le pavé qui leur appartient. Les ouvriers dans les bistrots commencent à manquer de leur quart de vin. Dans ce Paris vide d'autos et de gens, on rencontre plus souvent les gens qu'on connaît, on connaît mieux ceux qu'on ne connaît pas… Au moment de quitter Paris, c'est un arrachement.

La maison qu'habitaient Margot et Jean-Claude est située sur un vaste plateau ourlé de collines, comme un champ de football, avec, autour, des gradins sans public. On est tout étonné de trouver cet espace, ce vide, ce vent que rien n'arrête sur le terrain jaune du plateau, à peine taché d'un peu d'herbe. Sur les collines pierreuses, grises, les plaques de vert s'épaississent, mais ce n'est toujours que de l'herbe ou tout au plus des petits buissons, les arbres n'y poussent pas. On se croirait sur un haut plateau dans les montagnes, à une grande altitude. Il n'en est rien. On jurerait être à des lieues de toute habitation, et il n'en est rien. Pourtant l'illusion est complète.

Sur ce plateau, la maison avec le jardin entouré d'un haut mur apparaît comme un petit tas de pierres grises. De près c'est une assez grande maison plate, droite, avec peu d'ouvertures pour laisser respirer les insectes que nous sommes, avec un toit de tuiles. Une maison comme on en voit beaucoup dans les villages de France, mais les hauts murs qui entourent le jardin de la demeure-forteresse lui donnent un air de menace, de danger et non de refuge.

Pour entrer dans le jardin, on pousse une petite porte faite dans le haut portail en bois. Le jardin est envahi par la verdure, on dirait un ancien cimetière dont les morts sont trop vieux pour que les vivants s'en occupent encore. C'est à peine si on peut passer à travers les branches et les herbes pour arriver jusqu'à la maison. Le côté jardin de la maison ne serait pas différent des autres côtés, n'étaient les quelques fenêtres et, chose étrange, un double escalier collé au mur plat et gris, un double escalier à balustres qui monte pompeusement au premier étage, en formant un demi-cercle. Est-ce là une fantaisie du feu grand-oncle ?

Je me lève la première, quand le soleil est encore frais comme de l'eau, je fais le tour du jardin, où quelques galets sous les pieds font penser que dans le temps il a peut-être été entretenu. J'ai même trouvé dans les herbes, là où les buissons ont tendance à former un bosquet, un socle de pierre renversé. Sur la margelle du vieux puits en pierre, des pierres claires, argentées, je prends le seau d'eau que Jean-Claude a tiré pour moi la veille au soir. Je le porte à la cuisine et j'allume le feu dans l'âtre. C'est sur ce feu que nous faisons la cuisine.

Nous vivons dans cette grande cuisine, toujours fraîche, sentant le moisi, avec son sol dallé, et les murs autrefois blanchis à la chaux, nous y faisons notre toilette, Margot et moi, nous y mangeons. Le soleil a encore du mal à pénétrer par la porte ouverte de la cuisine, c'est un crépuscule à rebours, avec la lumière qui monte. La grande table de bois, toute fendillée, on dirait les petites rides d'un crêpe gris clair, est bien trop grande pour notre petit déjeuner. J'entends Jean-Claude qui se lave dans le jardin, au puits, puis il vient s'asseoir en face de moi, en lançant à propos de tout et de rien des grands : ha-ha ! Il aime le pain grillé sur la braise et mange à lui seul, la moitié d'un pain qui ressemble à un petit canot en bois marron. Puis il s'en va chercher de l'autre côté du double escalier à balustres, sa motocyclette dans le garage, encombré par le poids mort d'une conduite intérieure. Margot prétend qu'une fois sur la moto, avec ses culottes, ses leggins et sa carrure, large, gras et musclé, Jean-Claude ressemble à un garde mobile. Un garde mobile un peu débraillé, avec une chemise à manches courtes, toujours déboutonnée sur une poitrine de bronze.

— Alors, Charlotte, que voulez-vous que je vous apporte du monde civilisé ?

Il part dans un grondement de Jupiter. Margot se lève plus tard, je ne l'attends pas et m'en vais de l'autre côté des murs.

C'est là que commence l'enchantement. Le vent se jette à ma rencontre, il me fête, saute sur moi comme un chien sur son maître, il court devant, à côté, me montre le chemin. Je marche à travers le plateau vers les collines, bientôt la maison derrière moi n'est plus qu'un petit tas de cailloux. Les galets d'un chemin sur la colline (qui donc a pensé à faire un chemin, ici ?) croulent sous mes pieds, plus je monte, plus le parfum de lavande est fort… Les buissons en boule, comme des porcs-épics, m'arrivent à mi-jambes, à mi-corps. Tout ce qui pousse ici est d'un vert noir, dur, piquant, mes jupes s'accrochent, j'ai les jambes en sang. L'air est limpide ; comme dans une eau sans microbes, il n'y a pas de moucherons, ni moustiques, ni guêpes. Seuls les papillons sont assez purs pour vivre ici, de beaux papillons jaunes qui se posent sur les petites feuilles vernies des buissons. J'arrive à deux arbustes qui emmêlent leur verdure : c'est le sommet de la colline. Ici, je me retourne, car c'est ici que je verrai, que je découvrirai une ville… Je m'assieds au pied de l'arbuste et, cachée sous son feuillage, je regarde. En bas, très loin, un orgue gigantesque : les murs, très hauts, étroits, clairs, magnifiques, d'une ville, de palais ou de prisons. Je regarde, je regarde jusqu'à ce que je perde le fil de ma destinée…

Quand je rentre, Margot descend justement de sa chambre, ses yeux bombés encore pleins de sommeil. Sa chemisette est boutonnée de travers et elle a retroussé son long pantalon de toile bleue. Elle perd à chaque marche ses pantoufles et jure doucement sans que l'idée lui vienne de mettre les pantoufles comme il faut, talon compris. Elle fait ça tous les matins.

— Oh, ma grande Charlotte, ce que j'ai bien dormi, dit-elle en se mettant à table, et toi ? À quelle heure avez-vous donc pris le café, le feu est éteint, complètement ! Mon café va être froid…

— J'ai mis la cafetière dans les cendres…

Margot est contente. Assise de côté, un pied sur le banc, le genou à la hauteur du menton, elle boit son café et mordille le pain grillé, froid et dur comme du bois. J'ai toujours connu Margot telle qu'elle est maintenant, on pouvait toujours se demander : est-ce une jeune femme prématurément vieillie ou une femme d'un certain âge bien conservée ? Mince, pas très grande, un garçonnet ; quand elle ne rit pas, les deux rides qui prennent entre parenthèses sa grande bouche lui donnent un air amer ou méchant. Elle a de grands yeux bombés et tristes, des yeux de brune, en désaccord avec ses cheveux décolorés en doré, et dont les racines sont toujours foncées : Margot va bien chez le coiffeur à L… mais pas assez souvent. Une fois j'ai aperçu, entre deux boutons de sa chemisette, ses seins : elle ne porte ni chemise, ni soutien-gorge et ses seins sont d'horribles petites choses écrasées, avec un gros bout foncé… Si j'étais à sa place, j'aurais été obsédée par ces seins, j'aurais porté un soutien-gorge, nuit et jour j'aurais pensé à mes seins. Margot se redresse et baisse un regard satisfait sur ces seins qui pointent sous la chemisette, on croirait vraiment ! Quand elle sourit, elle montre ses dents saines mais jaunes, avec un air entendu sur le plaisir qu'elle vous procure, comme si elle était la jeune beauté qui sourit sur une réclame de dentifrice. Margot a l'allure d'une jolie femme et fait si bien qu'on se demande si elle n'en est pas une vraiment… Elle se voit si peu qu'elle s'habille avec une chemisette, un pantalon et des espadrilles, en garçonnet, et se conduit comme une petite femme, quand avec sa tête à la Vélasquez, pâle, cruelle et dorée, elle serait belle dans une grande robe lamée, au maigre corsage collant, les bras reposant sur l'ampleur de la jupe, les petites mains se perdant dans les plis somptueux… Pour le résultat, c'est elle qui a raison puisque Jean-Claude est enchanté d'elle, et elle-même aussi.

— Jean-Claude est bien parti ?

— Mais oui…

— Tu ne reprends pas de café ? Tiens, il n'y en a plus… J'espère qu'il y aura une lettre de Janine ce soir. Si tante Julie n'a pas écrit aujourd'hui, demain matin j'envoie un télégramme.

— S'il était arrivé quelque chose à Janine, tante Julie aurait écrit…

— Tu crois ?… Qu'est-ce qu'on va faire ce matin ?

— Si tu commençais par faire ta toilette ?

— Non. Sais-tu ce qu'on va faire ? On va astiquer le grand salon. Tu veux ? Je me laverai après, quand je serai bien sale...

Le grand salon est au premier. Les murs en sont entièrement recouverts de tapisseries qui ressemblent au jardin, avec leur fouillis de sombres verdures. Sa seule fenêtre, bouchée par les feuilles d'un platane, ne fait que continuer le vert des tapisseries. On se croirait dans une forêt. Tandis que le tapis par terre, en tapisserie lui aussi, si beau et si fragile qu'on ose à peine marcher dessus, est beige clair, avec une guirlande de grosses fleurs de couleurs tendres. Les quelques meubles que Margot et Jean-Claude y ont laissés sont en acajou foncé, avec des appliques de bronze : une table ronde, un lit de repos et deux fauteuils tendus de soie verte : ce qu'ils ont trouvé de mieux pour ne pas boucher la vue sur les tapisseries des murs et du sol.

— Je me sens toute drôle, – dit Margot balayant à genoux avec une petite brosse de soie, les fleurs du tapis, – de ne pas avoir Janine dans les jambes... Est-ce qu'elle est vraiment belle, Charlotte, ou est-ce que je me fais des idées, comme toutes les mères ?

— Cette enfant est un miracle de beauté... Elle ressemble à Jean-Claude.

Grimpée sur un escabeau, sous lequel nous avons mis journaux et chiffons, je nettoie avec une brosse à dents, les pendeloques du lustre.

— Tu trouves vraiment qu'elle est belle ?... Je ne vois pas la ressemblance avec Jean-Claude...

— Je ne te dis pas qu'elle est faite comme Jean-Claude... comme un lutteur de catch, du gras et des muscles... Comme un phoque... Mais ils ont un air de famille.

— Bien sûr qu'ils ont un air de famille, dit Margot, qui ne paraît pas enchantée, pourquoi n'auraient-ils pas un air de famille ?

Je trouve qu'elle n'est pas polie pour Jean-Claude et le lui dis vertement :

— C'est naturel après tout, n'est-ce pas ? Tu n'as pas besoin de t'excuser !

— Gale-Poison ! ne siffle pas !...

Ce souvenir de pension nous faire rire. Mais il est bientôt midi, d'ailleurs le nettoyage est terminé, et nous descendons à la cuisine. Margot commence à se nettoyer, je lui cède la place.

Je vais jusqu'à la porte ouverte du jardin. Après la fraîcheur de la maison obscure, l'air velouté, chaud et lumineux, me trouble la vue. Le soleil recouvre la peluche miteuse des collines, d'une housse claire, unie... Je respire, je respire...

Pour le déjeuner nous mangeons des tomates et du jambon fumé. C'est Jean-Claude qui s'occupe des provisions, il se sert abondamment au marché noir, mais comment faire autrement quand on vit dans un désert ? Défricher la terre, planter des légumes, avoir des poules, des lapins ? Margot n'a rien d'une campagnarde et Jean-Claude est toute la journée en ville.

— Cette maison, dit Margot, quand est-ce que nous en serons débarrassés…

Le vin rosé, sorti du puits où je l'avais descendu à rafraîchir, coule lourdement dans les jambes.

— Après la guerre…

— Après la guerre, répète Margot. J'ai mal au dos, ce banc est d'un dur… Je ne peux pas être heureuse dans une maison qui n'a pas de cabinets…

— Personnellement j'aime mieux ne pas en avoir et me servir de la nature, que de partager les cabinets avec mon beau-frère Paul… À chacun son dégoût.

Margot secoue la tête :

— Tout de même…

Si je la laisse faire, elle aura encore une crise de désespoir :

— Si on prenait une petite liqueur, Margot ?

— Et comment ! Jean-Claude a ramené de la Bénédictine. Sais-tu ce qu'ils vous font payer à L… un petit verre de Bénédictine ? Vingt-cinq francs ! Est-ce qu'on prend le café ?

Mais nous n'avons pas le courage de rallumer le feu qui s'est éteint, ni de faire le café sur une lampe à alcool, et c'est tant mieux : ça fait des économies d'alcool à brûler, il n'en reste presque plus… Margot se remet à gémir :

— Tu te rappelles le temps où on avait le gaz ? Nous vivons comme des femmes de l'époque préhistorique… Tu vas voir qu'on finira par ne plus avoir d'allumettes… On sera obligé de sortir le feu des pierres.

— On ne devrait jamais parler devant les enfants : tu as entendu Jean-Claude dire qu'en Indochine il n'y a plus d'allumettes !

J'essaye de la faire rire. Mais Margot ne rit pas, elle vide son troisième petit verre et se lève :

— Maintenant, ma petite Charlotte, je vais aller m'étendre un peu…

Elle s'étire et ferme à moitié ses grandes paupières. Elle a trop de rouge aux pommettes, et plus du tout aux lèvres, pauvre fille…

Il est deux heures passées. Je serais bien sortie malgré la chaleur, mais je n'ose pas déranger le vaste calme caché derrière un rideau épais de parfum de lavande. C'est à peine si je fais quelques pas sur la pointe des pieds à travers le plateau, vers les collines.

Pour arriver à ma chambre, il me faut passer par une pièce où on a entassé les meubles inutiles, des grands meubles-tombeaux, et puis les malles, les caisses, les objets dont on ne savait que faire. Tout ce bois dégage une odeur d'encens, mélangée à celle de la naphtaline. L'autre jour j'ai attrapé, en passant, un bout de ruban qui pendait du haut d'une armoire : j'ai tiré dessus et il est venu une guitare que j'ai eu juste le temps d'attraper avant qu'elle n'aille se casser par terre. Une belle guitare, une brune, les cordes intactes, un ruban avec un nœud autour du manche, comme un collier au cou d'un chat. C'est certainement Janine qui l'a parée comme ça. J'ai emporté la guitare avec moi.

Les volets de ma chambre sont fraîchement repeints par Jean-Claude, en vert clair. Il trouve le temps de tout faire. C'est lui qui puise l'eau, scie le bois, apporte les provisions. Parfois c'est aussi lui qui fait la cuisine, il aime beaucoup ça, mais il est plus fait pour cuire un quartier de chevreuil à la broche, que pour sortir un bœuf mode d'une boîte de conserve.

Je passe des heures sur mon lit à sommier métallique qui grince et chante sous moi. Ma main pend hors du lit, au fil de l'eau, et rencontre la poitrine de la guitare : elle résonne et se meurt... Ma main attrape le journal, celui d'hier ou de l'autre semaine. Je lis les petites annonces. J'essaye de penser à Georges, à ce pauvre Georges qui est prisonnier. Je le regrette pour lui. Cependant, si durant la vie d'un homme j'ai pensé de lui que c'est un salaud, le fait qu'il soit mort ne m'empêchera pas de penser que cela avait été un salaud durant sa vie. La mort n'a pas le don d'ennoblir le passé. Georges n'est pas un salaud, d'ailleurs il n'est pas mort, il est prisonnier.

L'autre jour, je suis allée à L... Jean-Claude m'a emmenée dans un restaurant où on mange comme avant la guerre. À la table voisine, il y avait trois femmes élégantes. L'une portait un tout petit chapeau à long voile bleu, enroulé autour du cou, et elle avait de très beaux bijoux, comme j'aimerais en avoir : de grosses aigues-marines, entourées de diamants, montées à l'ancienne, avec des griffes. J'ai toujours aimé les aigues-marines, j'en portais en boucles d'oreilles, c'était comme si je portais aux oreilles mes propres yeux. La deuxième femme avait une discrète Légion d'Honneur. La troisième, assise en face, une blonde, sans chapeau, faisait jeune fille. Ces dames mangeaient et buvaient ferme, il y avait sur la table des bouteilles de vin, et le tout se termina par de l'alcool, servi dans de grands verres à pied. Elles étaient un peu rouges et riaient beaucoup. En partant, celle à aigues-marines serra la main du patron, en lui soufflant quelque chose à l'oreille, et elle ajouta plus fort : « C'est pour nos prisonniers… » Ainsi demande-t-on une pâtée pour son chien. Le patron acquiesça, compréhensif… C'est Jean-Claude qui me ramena à la maison en croupe de sa moto.

Mon prisonnier à moi n'est pas gâté, mes colis sont pauvres, comme moi. Georges vivait sur moi, me prenait mes pensées dans la tête, mes mots dans la bouche, il me dépouillait, se parait de mes plumes et s'en allait parader… Mais il me donnait de l'argent, et maintenant qu'il n'est plus là je n'en ai pas. Je n'ai jamais eu un sou à moi. Je me prive de tout pour lui envoyer ces maigres colis… On dit que je me conduis très bien, que je suis courageuse, voyez-moi ça !

Ah, le bon bain de solitude que je prends dans cette maison. Jadis, quand j'allais à la campagne après quelques mois de Paris, j'avais l'impression de me nettoyer les poumons, mais il aurait fallu des ramoneurs pour me nettoyer intérieurement des présences, de sa présence… La solitude ! J'en prends les bouchées doubles, je délire d'aise d'être seule, seule, seule… De temps en temps, j'essaye de penser à Georges autrement que d'habitude, d'oublier qu'il m'a empêchée de chanter, qu'il m'a gâché la vie… Et je le vois qui s'assied sur ma robe fraîchement repassée : il s'asseyait toujours sur mes affaires, y aurait-il eu dix sièges vides qu'il serait arrivé à s'asseoir sur mes affaires. Ainsi s'asseyait-il sur moi, sans s'en apercevoir, de tout son poids.

J'essaye aussi de repenser à mon appartement, mais même à distance j'en vois les détails navrants. Le canapé du petit salon sur lequel je faisais mon lit tous les soirs ; le défilé de la famille par le petit salon pour aller à la salle à manger, bien qu'elle donne aussi sur le couloir… Le mur de la salle à manger avec le papier décollé dans le coin, à cause d'un tuyau qui a éclaté l'hiver dernier dans l'appartement du dessus, vide et pas chauffé : cela a fait une inondation et l'eau a traversé le plafond. Les fauteuils bas de ma chambre que le petit affectionne pour faire pipi : il aime le faire sur du mou, sur l'édredon, par exemple… J'ai laissé l'édredon à la famille. De ma vie je n'ai eu aussi froid que la nuit sur le canapé du salon, avec mes pieds qui dépassent parce qu'il est trop court, et aussi parce qu'on ne peut pas le border. À chaque fois que quelqu'un vient me voir, ma mère met son châle noir et s'assied à côté de moi avec l'air de « recevoir »… Le piano dans le grand salon… Fermés à clef tous les deux, piano et salon, gelés, frappés de stupeur…

J'entends Margot rôder dans la maison. Elle remue les valises à côté… La porte du jardin grince, elle a dû sortir, mais elle ne restera pas longtemps dehors, elle n'aime pas marcher.

Jean-Claude rentre le soir, pour dîner. Il rapporte le courrier, les journaux, les provisions. Nous mangeons dans la cuisine, puis nous allons nous asseoir devant l'escalier à balustres, autour d'une table ronde, rouillée, sur des fauteuils en osier, qui égratignent traîtreusement nos jambes et nos bras nus. Nous restons ici pour profiter de toute la lumière du jour, jusqu'à la dernière goutte. Souvent nous montons nous coucher à tâtons. Pour tout éclairage, il n'y a dans la maison que des bougies et une lampe à pétrole. Nous avons peu de bougies et presque pas de pétrole, alors nous préférons ne rien allumer du tout.

Margot fume, renversée dans le fauteuil, les pieds sur la table. Jean-Claude lit le journal.

— Il paraît que les Russes ont fait sauter leur grand barrage sur le Dniepr.

— Et alors ? dit Margot.

Jean-Claude regrette déjà d'avoir commencé cette conversation : Margot est capable d'exiger des explications, des commentaires, et comme elle ne lit jamais les journaux, quand elle s'entête à vouloir comprendre quelque chose cela devient inextricable. Mais elle a l'air d'avoir oublié la question, elle regarde s'allumer les étoiles. La nuit descend, sans peser sur les épaules, déjà le ciel est un trou clair dans le cadre du feuillage noir du jardin… De Margot et de Jean-Claude, je ne vois que les points lumineux de leurs cigarettes allumées… Mais bientôt tout le jardin est plein de cigarettes allumées : ce sont les vers luisants. Les fauteuils de Jean-Claude et de Margot craquent : ils doivent s'embrasser. Je vais me coucher.

Il y eut des nuits d'orage. Ça commençait vers le soir par un grand vent. Les sorcières du pays arrivent sur leurs manches à balai, et mènent la danse au-dessus du plateau, avec une rapidité et un bruit d'hélices. Puis on voit dans le ciel une étincelle de court-circuit et c'est la catastrophe : le ciel a reçu le choc, se fend comme une tasse de porcelaine fine et s'écroule dans un énorme bruit de casse. Longtemps après on entend rouler les morceaux… Jean-Claude fait du bruit dans l'escalier, il descend fermer une porte qui bat, et me crie en passant : « Charlotte, vous n'avez pas peur ? »

Non, je n'ai pas peur. Je laisse les éclairs traverser mes yeux, je me roule sur le lit comme le tonnerre. Enfin le ciel lâche son eau.

Les orages ne réussissent pas à rafraîchir la température. Mais il a beau faire chaud à rougir le fer, je m'en vais tous les jours goûter la joie inépuisable d'être seule dans les collines. J'y suis allée à toutes les heures, j'ai pris tous les sentiers et jamais je n'y ai rencontré quelqu'un, l'illusion d'être au bout du monde n'a jamais été détruite. Je peux continuer à imaginer que la ville que je vois de là-haut n'existe que dans mes yeux, pour moi toute seule. Je l'ai vue à toutes les lumières : sous le grand soleil qui la dégrise, la rend tangible, accessible ; et vers le soir, quand le soleil divisé en rayons lui en envoie un seul qui fait briller les boyaux de cet orgue, les grands murs des palais et des prisons ; et aussi au petit matin, quand je retiens mon souffle pour ne pas faire tomber mes si légers châteaux de cartes… Jean-Claude m'a accompagnée deux ou trois fois, le dimanche après-midi, quand Margot avait envie de faire un somme.

Le soir, quand nous entendons le grondement

de la moto de Jean-Claude, nous allons l'attendre à la porte du jardin :

— Regarde-le qui arrive avec son butin, dit Margot. On vit dans ce bled comme des brigands, des receleurs…

À force d'aller et venir sous le soleil, Jean-Claude est de plus en plus noir, un nègre. Il ne se plaint pas, nous fait toutes nos commissions, tout le gros travail dans la maison. Il rapporte du bon vin, des cigarettes pour adoucir la vie de Margot. Elle, en plus des jérémiades quotidiennes, prend de temps en temps des colères, crie qu'elle n'en peut plus, qu'elle deviendra folle dans ce bled, ce maquis, ce désert… On laisse passer l'orage. Jean-Claude l'emmène à L… pour la distraire un peu. Et la vie reprend. Je rôde dans les collines, je regarde de mon lit les branches légères de l'acacia plier sous le poids des oiseaux. Le ciel est d'un bleu de paysage… Je touche la guitare qui me répond en frissonnant… Puis Margot tape à ma porte :

— Viens, dit-elle, ma grande Charlotte, viens, on va s'amuser à repriser des chaussettes, ce pauvre Jean-Claude n'a plus une paire à se mettre aux pieds…

Il y a des jours où je ne veux pas repriser les chaussettes, il y a des jours où je les envie trop, Margot et Jean-Claude. Entre eux, tout n'est que douceur, tendresse, sourires, ils vivent les yeux dans les yeux, la main dans la main… Ils ont

Janine. Moi, je n'ai pas d'enfants. Une femme qui n'a pas d'enfants est un monstre, dans le genre d'un hermaphrodite. Le sang et les larmes de la catastrophe générale n'ont pas noyé ma rancune contre Georges. Je me demande si l'enfant qu'il prétend avoir fait à la femme d'un ami, un « enfant de l'amour », dont il aime parler, a la pâleur de Georges, cette absence de couleur dans la peau, et les mains toujours froides, comme lui… Je ne l'ai pas vu son « enfant de l'amour », et ce que je n'ai pas vu de mes yeux…

Mais Margot revient, elle revient toujours, elle tape à la porte :

— Charlotte, je t'en supplie, viens raccommoder des chaussettes, faisons n'importe quoi, je ne sais pas, ou je vais me mettre à hurler d'ennui, je ferai un malheur…

Alors je me lève, je la fais entrer, je me mets à lui dire des choses :

— Qu'est-ce qu'il y a qui ne va pas ? Tu veux qu'on prenne une petite tasse de thé ? Avec des biscuits ? Tant pis pour le sucre ! Mais ne pleure pas, voyons Margot ! Tu vas voir, une bonne petite tasse de thé, bien sucrée…

Nous descendons l'escalier, nous tenant par la taille. Comme je n'aime pas son odeur… Nous n'avons pourtant pas mangé de l'ail à déjeuner…

— Jean-Claude se débrouillera pour avoir du sucre, aujourd'hui ou demain, il m'a promis, dit Margot. Elle est assise avec les deux pieds sur le banc, la tête sur les genoux. Cette femme que j'imagine facilement un fouet à la main, fait des grâces de petit chat. J'allume le feu, je mets de l'eau à bouillir. Margot me regarde faire :

— Jean-Claude s'en fout, continue-t-elle, il ne rentre ici que pour coucher… Je ne m'en sortirai jamais, jamais, jamais…

— Tu ne fais rien pour ça…

— Je te dis que Jean-Claude ne veut pas partir ! Il te paraît gentil comme ça, mais c'est une mule, un roc, un monstre. Je ne sais pas pourquoi je ne le quitte pas !

— Oh si, tu sais !…

Margot rit, c'est un succès. Je continue :

— Écoute, si tu mettais pour te distraire cette belle robe blanche, en organdi, que tu t'es fait faire pour la Garden-Party à Bagatelle ?… Ça serait drôle, ici, et Jean-Claude va être renversé !

— Faut-il que je m'embête, dit Margot, en se levant. Je vais mettre ma robe en organdi… Il n'est que six heures… Quand Jean-Claude n'est pas là, je ne vis plus, c'est bien simple.

Elle redescend juste quand l'eau du thé commence à chanter. Elle a mis sa grande robe blanche, avec un corsage serré comme un corselet, des manches bouffantes et une large jupe, tombant à terre. Margot s'est pomponnée, ses cheveux sont lisses, les yeux bombés sont encore agrandis par le fard bleu. Je l'admire longuement, puis on prend le thé… Margot s'est un peu déridée.

— Encore une tartine, Margot ? Si tu ne t'étais pas faite belle comme ça, je t'aurais proposé un petit tour.

— Mais voilà ! Je me suis faite belle… Pour une fois que tu veux de moi !

— Ce toupet ! Que je veux de toi ! C'est toi qui n'aimes pas marcher.

— Ça va !… Ça va !… Gale-Poison ! Je vais faire une patience sans friper ma robe pour que Jean-Claude me voie dans toute ma splendeur.

— Alors je vais faire un petit tour…

— Allez, allez, sauve-toi, petit sanglier ! Tu sais, les sangliers, ça vit solitaire dans les montagnes et ça ne descend que pour l'accouplement…

— Moi je fais le contraire…

— Ah, oui ? Ce n'est pas une raison pour me regarder comme ça, Gale-Poison !

Je rentre vers huit heures, avec Jean-Claude que j'ai rencontré sur la route. Margot a un véritable triomphe avec sa robe blanche. Jean-Claude l'a fêtée comme un gros chien ; il tournait autour d'elle, se trémoussait, lui mettait les pattes sur les épaules, c'est tout juste s'il ne jappait pas. D'ailleurs il jappait : Ha-ha ! qu'il faisait. Margot, un sourire des grands jours aux lèvres, se tenait près du puits argenté sur le fond de la maison grise, qui ne sait pas sourire, même à une robe blanche.

— Viens, dit Jean-Claude, mets-toi sur cet escalier à balustres, vous irez ensemble…

Quand nous avons assez admiré Margot, nous rentrons dans la maison pour dîner. Margot a déjà mis le couvert, il y avait, à défaut de fleurs, de grandes feuilles vertes dans un vase, et aussi autour des verres en cristal taillé qui brillaient dans la demi-obscurité.

— C'est la fête ! – criait Jean-Claude dans la joie. – Ha-ha ! C'est la fête !

Il sortit de sa poche un beefsteak enveloppé dans un journal et tout chaud de sa cuisse. Il y avait aussi une lettre de tante Julie : Janine allait très bien, prenait des couleurs, était très sage. Les journaux…

— À table, à table, ne vous coupez pas l'appétit avec les journaux !

Jean-Claude débouche une bouteille de chambertin et nous décidons de prendre le café dans le grand salon à tapisseries. Je monte le plateau avec cafetière, tasses et petits verres. Jean-Claude allume les bougies du lustre. Margot, sur le lit de repos fait bouffer sa jupe blanche.

Jean-Claude avec sa culotte, et sa chemise déboutonnée s'assied à côté d'elle, sa main noire sur le corsage virginal. Il la prend sur ses genoux, on dirait qu'il l'a kidnappée et amenée dans cette maison isolée, pour la violer.

— Allons, les amoureux, je vais vous servir…

Les bougies éclairent à leur façon la forêt fantastique des murs, font briller les étoiles du lustre… Et moi, de quoi ai-je l'air, moi, faite comme une bohémienne, noire comme un scorpion, noire comme ma fureur ? Quel est le breuvage que je leur sers, un philtre d'amour, un poison fait avec les herbes cueillies dans les collines ?

Je descends dans le jardin ; la nuit est splendide, je vais faire quelques pas dehors…

Je marche… Je n'entends plus le ha-ha ! de Jean-Claude, d'ici on n'entend rien, ni Jean-Claude, ni la guerre… Je marche entraînée par le poids de mes pensées. Le temps a beau cracher le feu, le destin personnel existe, et tous les meurtres ne sont pas des attentats politiques. Il existe encore des faits divers…

Quand je rentre, ils sont déjà couchés.

C'est le lendemain de ce jour à organdi que Jean-Claude est arrivé plus tôt que d'habitude, un télégramme à la main : tante Julie a fait une chute et s'est cassé une jambe. Il fallait immédiatement reprendre Janine et s'occuper de tante Julie qui n'avait personne chez elle pour la soigner. Il y avait un train de nuit qu'il serait encore possible d'attraper. Margot ne voulait sous aucun prétexte partir sans Jean-Claude, il y aura trop de choses à faire, il faudra mettre tante Julie dans une clinique, s'occuper de Janine, de la maison…

Jean-Claude, habillé en gentleman, et Margot dans un tailleur, un chapeau sur la tête, s'installaient sur la moto, une valise en équilibre entre eux. Ils n'en finissaient pas de s'excuser. Non, non je n'ai pas peur de rester seule, je n'aurai pas peur… Mais non, ce n'était pourtant pas de leur faute si tante Julie s'était cassé une patte ! Ah, pour la déveine c'était de la déveine, ça c'est une autre chose… Je ne mourrai pas de faim non plus avec toutes ces conserves… Il ne m'arrivera rien !… Enfin Jean-Claude se décide à mettre la moto en marche :

— Ah, j'allais oublier : le garçon de bureau vous apportera tout mon courrier, Charlotte, ouvrez-le. S'il y a quelque chose d'urgent, vous ferez bien les trois kilomètres jusqu'à l'autobus, hein ? Vous pouvez même téléphoner un télégramme du café, à l'arrêt suivant…

Margot me met encore une fois les bras autour du cou :

— C'est affreux, ce qu'on te fait là !

Ils démarrent, ils sont partis.

Je reste un instant immobile dans la nuit qui tombe : je ne me connais plus de joie. Je suis seule. Seule, seule, seule ! Je suis si libre que je ne sais par quoi commencer… Je fais des moulinets avec les bras et je saute sur un pied… J'essaye ma voix : a-a-a-a-a… J'ai une voix de velours noir. Je vais l'essayer dans la maison. Je monte l'escalier et le descends, la jupe relevée jusqu'à la taille, les jambes nues, libres… Je fais a-a-a-a-a ! et : a-a-a-a-a ! Ma voix monte et descend avec moi. Je vais chercher la guitare dans ma chambre et je l'emporte avec moi à la cuisine. Je prends une cuillère à soupe et je mange des confitures, à même le pot. Sans pain. Un peu de thé là-dessus, par le bec de la théière : il est bon, froid, amer. Une cigarette. A-a-a-a-a… Je sors dans le jardin. Il fait presque complètement nuit. Je lève mes jupes et je fais pipi au beau milieu, devant l'escalier à balustres. Je me déshabille. Ah, l'inexprimable plaisir de l'air frais sur tout le corps. Je laisse mes vêtements épars par terre et je sors toute nue sur le plateau. Les grillons ont déjà commencé à scier l'air à petits coups tranchants, les crapauds roucoulent avec oubli. Une étoile coupe l'air d'un couteau d'argent rapide ! Un vœu ? Je n'en ai pas. Un coup de vent me fait frissonner. Je vais aller jusqu'à l'endroit d'où l'on voit la ville, je veux une fois goûter toutes les joies d'un coup. L'absolue quiétude de la solitude ! Personne ne prendra mes vêtements jetés dans le jardin, personne ne déplacera les journaux près du lit, personne ne viendra bousculer mes pensées, personne pour me juger, pour avoir peur de la folle qui se promène toute nue dans la nuit… Je serai devant la ville, je m'accompagnerai sur cet orgue blanc, je ferai : a-a-a-a-a… Ma voix était faite pour chavirer d'autres cœurs que le mien.

Je suis rentrée à tâtons, à chaque pas la guitare frissonnait de tout son corps sonore. Les grillons continuaient à scier l'air, je croyais voir mes yeux illuminés de la sciure qui tombe, étincelante, et il y avait dans le jardin de grands remous, comme si l'on marchait avec une robe à traîne froufroutante.

Dans l'escalier la guitare cogne le mur, toute la maison en résonne. Je passe ma chemise de nuit : elle est douce et chaude comme une fourrure. J'accorde la guitare : dz-i-n-n, dz-i-n-n ! Je vais maintenant me chanter une chanson…

Je l'ai aimé pour mon malheur…

Pendant que je chantais, j'imaginais la nuit, la joue collée contre la maison, épiant ma voix profonde, et noire comme elle… Je lui chante de belles chansons tziganes et des Lieder, et simplement :

Connais-tu le pays,
Où fleurit l'oranger…

Je me suis endormie, heureuse…

Je me suis réveillée, heureuse. Être seule donne de la saveur à toute chose, comme être amoureuse à seize ans.

J'ai un peu tourné dans le jardin, j'ai pris un grand verre de Pernod pour le petit déjeuner… Puis je suis montée dans la chambre de Margot et de Jean-Claude.

La fantaisie du grand-oncle ou de ses prédécesseurs a voulu une chambre somptueuse, car le lit de milieu est posé sur une estrade, avec deux marches. C'est un beau et grand lit, de bois foncé, qui de profil s'enroule comme le manche d'un violon. Le dais, en forme de couronne, laisse tomber des rideaux de soie rouge, brochés d'abeilles sur les plis des rideaux, à la tête du lit, un grand crucifix avec un Christ en bois peint, perdant un sang horriblement rouge. C'est dans ce lit qu'a dû mourir l'oncle, c'est un lit de mort.

L'armoire et la commode sont en pitchpin et il y a près de la fenêtre un grand fauteuil de cuir, tout éventré, avec le crin sortant par les déchirures. C'est là que l'oncle devait se tenir. Près du fauteuil un petit banc pour les pieds, et une table basse avec une carafe et un verre en opaline. La chemise de nuit de Margot, curieusement fripée, pend la tête en bas sur le fauteuil, le pyjama de Jean-Claude est plié sur une chaise : il ne s'en est pas servi cette nuit… Sur la commode deux verres, une assiette pleine de mégots, des cendres un peu partout… Je sors de là à reculons, les yeux fixés sur le beau lit de mort. Qui a dit que j'étais seule dans cette maison ? Il y a les murs, les objets, ils me regardent, me jugent, m'épient… Je pars en courant par le long couloir noir, les bras tendus comme une aveugle… Je me suis enfermée à clef dans ma chambre, j'ai fermé les volets, les yeux…

Le soir, le garçon de bureau est venu m'apporter un télégramme : *Suis obligée rester, Jean-Claude rentre dimanche, Janine va bien, mille excuses, mille baisers.*

Dimanche… Nous sommes vendredi. Évidemment ce n'est pas la peine qu'il rentre pour le week-end. Pas la peine du tout, puisque les bureaux sont fermés, pourquoi rentrerait-il ?

Il y avait aussi le courrier de Jean-Claude. Je l'étale sur la table de la cuisine, j'examine les écritures, les timbres, les cachets… Celle-ci… Je vais ouvrir celle-ci, avec *personnel* dans le coin :

« *Mon Jean-Claude adoré, tu vas encore te fâcher parce que je t'écris, mais puisque ta secrétaire est en vacances, je crois vraiment qu'il n'y a aucun risque, il ne faut pas non plus exagérer. J'ai oublié de fermer le compteur à gaz, et puis j'ai bien fermé à clef la commode et le buffet, mais j'ai oublié les clefs sur la table de la salle à manger. Avec toutes les provisions que j'ai il ne faudrait pas que Joséphine aille fouiller là-dedans. Veux-tu dire à Joséphine de m'envoyer mon tailleur blanc qui était chez la teinturière. Je crois que c'est tout.*

« *Lisette va bien, elle est mignonne comme tout et te ressemble de plus en plus. Mais je ne partirai plus jamais sans toi, je m'ennuie toute seule et je me demande pourquoi tu as voulu que je parte seule dans cette ville d'eaux affreuse. Quand est-ce que nous serons de nouveau ensemble dans notre grand lit…* »

Etc., etc. C'était signé : Arlette.

Cette nuit j'ai couché dehors. J'ai marché très longuement, suivie de la lune qui grimpait de plus en plus haut et ne me perdait pas de vue. J'avais emporté une couverture, mais j'hésitais à m'étendre à cause de cette lune qui surveillait les grands champs noyés dans le brouillard. J'ai dû faire, sans m'en apercevoir, beaucoup de kilomètres : là-haut il n'y a ni champs, ni tas de foin. Je descends dans un champ, je me roule dans le brouillard comme dans la farine et je m'étends. Il fait humide, je me tasse sur moi-même, je regarde le ciel. Jamais je n'en avais été aussi près que dans ce tête-à-tête, jamais il n'a été aussi intimement magnifique. Très loin un chien aboie comme s'il était arrivé quelque chose. Je regarde mon ciel, je le prends à témoin… J'ai un bruit à l'intérieur des oreilles… non, c'est un bruit qui vient du chemin au-dessus du champ… Des pas… oui, on dirait des pas… Des pas durs et nombreux… On parle, on parle fort… Des voix agitées… :

« … de la terre labourée… J'ai buté là-dedans… Je te dis que c'est de la terre labourée… De la terre labourée, je ne dis pas… Quand on a été le long des maisons… Le chien… Marche sur l'herbe, qu'il dit… La bécane faisait un potin à réveiller tous les chiens du village… de la terre labourée… »

Les pas et les voix se confondent avec le silence. C'est sûr que je suis allée dormir dans un champ près de la ligne de démarcation, ces gens agités viennent de passer la ligne… En haut, sur le plateau on oublie que la frontière est là, on ne voit pas ces gens qui s'en vont les bras ballants, avec l'air de ne pas y toucher, ni les passeurs en sabots et pantalons de velours, ni les gendarmes. Les patrouilles allemandes sont de l'autre côté… L'agitation ne monte pas là-haut, mais ici je sens brusquement l'excitation et l'inquiétude de l'air… J'ai froid, la lune me glace, le monde entier me regarde jetée sur un champ, en bordure d'une route. J'aurais de la place pour me rouler de désespoir et de rage… Voilà que ça gronde… Une auto ? Le bruit augmente, enfle, devient énorme. Un avion ? Où ? Dans le ciel il n'y a que des étoiles… Serais-je sur un terrain d'atterrissage ? Le bruit fonce sur moi ! Il va me passer sur le corps… Tant mieux. Le bruit mollit, se perd… Jean-Claude rentre dimanche. J'ai encore deux nuits à moi.

Je suis rentrée à l'aube. Dans les collines le vent vient me souffler au visage tous les parfums de la nuit. Il ne fait pas encore assez jour pour voir, mais je sais que les pierres qui roulent sous mes pieds et me fuient, sont rondes et jaune clair, si semblables aux pommes de terre qu'il faut les voir rouler et se rendre compte de leur poids pour croire que ce ne sont pas de vraies pommes de terre. On pense beaucoup aux pommes de terre de nos jours, à quoi voulez-vous qu'on pense ? À la dignité de l'homme, comme on disait dans le temps ?

Je suis arrivée à la hauteur d'où l'on voit la ville, les jambes en sang, les buissons m'égratignent comme des chats en colère. Mais à la place de la ville, je n'ai vu à mes pieds qu'une mer de brouillard, ce brouillard dont je venais de sortir. Maintenant le vent me pousse dans le dos, me chasse vers la maison sur le plateau.

Le portail du jardin est grand ouvert, j'ai dû le laisser comme ça. Il fait encore nuit sous les arbres. Le vent va et vient entre les murs du jardin comme un lion en cage. Une fenêtre ou une porte claque à mon approche et le vent appuie avec une telle force sur la porte d'entrée que je n'arrive à l'ouvrir qu'en tirant de toutes mes forces.

Dans la maison, il fait chaud et noir comme dans un four. J'étouffe dans ma chambre, étendue sur le lit. Une fenêtre bat avec rage. Le vent monte et descend en vrille dans la cheminée, il encercle la maison, tourne autour, fait des nœuds marins. Demain je descendrai sur le chemin de la ville. Jean-Claude m'a dit qu'on trouvait des champignons dans le petit bois…

Je me suis réveillée à midi. Il doit faire chaud dehors. Les petits doigts vert clair de l'acacia sous la fenêtre prennent un bain de soleil. Je descends dans le jardin : si la nuit j'ai eu l'impression que la maison était chaude, maintenant, c'est le jardin qui fait serre. Mais l'eau du puits est glaciale. C'est lourd, un seau d'eau. Je fais du café très fort. Je croque du sucre. Cinq morceaux. Je mange tous les vieux croûtons de pain. Cette nuit m'a creusée.

J'ai encore rôdé dans la maison. J'ai enlevé des toiles d'araignée et j'ai changé les draps dans la chambre de Margot et de Jean-Claude. Dans la pièce à côté de la mienne, celle qui est transformée en débarras, j'ai trouvé deux grands et beaux chandeliers en argent, que j'ai posés sur les hautes consoles des deux côtés du lit. Dans la réserve la plus cachée de Jean-Claude, j'ai pris pour ces chandeliers deux gros cierges de couleur, comme l'on en met à l'église devant l'autel. Puis, pour ma peine, j'ai bu dans la cuisine un verre de Pernod : j'avais soif d'alcool. Et je suis sortie faire un tour là-haut, juste pour faire un petit salut à la ville : de là, elle me comprend.

C'est pendant que je faisais la sieste sur mon lit que j'ai entendu grincer le portail : un homme traversait le jardin. Je suis descendue nu-pieds, en robe de chambre.

Il se tenait devant l'escalier à balustres, l'air perdu. Un petit jeune homme chétif, avec de gros sourcils noirs, dans un visage si blême qu'on le croirait poudré.

— Vous êtes Charlotte, Madame ? dit-il.

— Je suis Charlotte. Et vous ?

— Où est Margot ? Elle n'est pas malade ?

— Margot n'est pas malade. Et vous, Monsieur ?

Le jeune homme s'assit sur le bord de la table de fer :

— Excusez-moi, j'ai marché vite, c'est loin... Ne pourriez-vous pas me donner un verre d'eau ?

Il suait à grosses gouttes. Je pris une casserole qui traînait sur la table et la plongeai dans le seau d'eau, par terre.

— Voilà...

J'attendais qu'il eût bu.

— Alors, Monsieur ?

— Excusez-moi, Madame... – Il me regardait avec des yeux qui nageaient dans l'embarras, – je crois que j'ai fait une gaffe, je n'aurais pas dû venir... M. Grammont est à son travail ?

— M. Grammont n'est pas chez lui. Vous vouliez le voir ?

— Oh, non. Pas du tout.

— C'est Margot que vous vouliez voir ?

— Non... C'est-à-dire, si madame Grammont était là et voulait bien me recevoir...

Il se leva, cérémonieux, essayant de coiffer de la main ses cheveux noirs et droits, des cheveux de Japonais.

— Vous avez fait tout ce chemin ne désirant voir ni monsieur ni madame Grammont ?

Il me regardait de ses yeux noirs comme des pâtés d'encre et dit avec une brusque assurance :

— Mais si, je désire voir madame Grammont.

Il était pathétique.

— Madame Grammont est en voyage, Monsieur, voulez-vous lui laisser un mot, ou votre nom, par exemple ?

Il ne me regardait plus, l'air perdu :

— Non, dit-il, je ne veux rien de tout ça…

Il était hagard. Je voyais bien qu'il allait se trouver mal : je passais le bras autour de ses épaules et le poussais vers la cuisine. Il s'affala sur le banc et je lui mis sur le front une compresse froide, faite avec sa pochette.

— Merci, dit-il, Margot m'avait bien dit que vous étiez bonne…

— Ah, Margot vous a dit ça ?…

— Oui. Et qu'elle était fière de votre amitié…

— Enlevez votre veston, Monsieur, il fait une chaleur à en crever, je ne sais pas si vous vous en rendez très bien compte !…

Il enleva docilement son veston. Je lui versai une tasse de mon café noir, très fort. Il but, avec délice.

— Comme vous êtes bonne ! Margot devait venir en ville hier et puis elle n'est pas venue. J'ai attendu toute la journée, un mot… Rien. Jamais elle ne m'a fait ça ! j'étais comme fou, je suis venu…

— Et si M. Grammont avait été là ?

— Oh, j'aurais bien trouvé quelque chose !

Il se mordit la langue, mais c'était trop tard. Il le comprit et n'essaya pas de tricher :

— Ne me trahissez pas, Madame ! Margot ne me le pardonnerait jamais ! Elle me battrait, elle me quitterait…

Il glissait du banc, je croyais qu'il allait s'agenouiller, lamentable.

— C'est chez vous qu'elle vient ?

— Non, nous allons dans un petit hôtel, avant d'arriver à la ville. Vous savez, nous nous aimons…

— Ah, oui… Et depuis longtemps ?

— Dix-huit mois…

Il compte encore par mois, comme pour les bébés.

Il a fallu le garder jusqu'au soir, avec ce soleil il aurait claqué sur la route. Je l'ai laissé dans la cuisine et je suis montée dans ma chambre, lire les vieux journaux. Enfin, j'ai entendu grincer le portail : il est parti.

Le soir, le garçon de bureau est venu apporter le courrier. Une lettre de mon mari : il travaille en usine. Pauvre vieux ! Ça lui fait les pieds. Jean-Claude rentre demain soir.

Je me suis encore réveillée à midi. C'est que je n'ai pas dormi de la nuit. Une insomnie noire. Le monde nage dans le sang, n'empêche qu'un clou dans mon soulier me fait tout aussi mal, n'empêche que dans cet aujourd'hui de mitrailleuses, on peut trouver la mort en glissant sur une peau de banane. Oui, le cœur peut battre à l'unisson avec des millions d'hommes et avoir en même temps des battements secrets qui ne dépassent pas les limites du cœur. Il y a des crimes passionnels en temps de guerre. Oui, oui, il y en a… Un petit crime dans un coin, malgré la grande machine à hacher la viande. Cette disproportion me dérange bien plus que l'idée du crime même… Une insomnie noire.

J'ai fait les trois kilomètres jusqu'au petit bois, près de la route nationale, avec le midi du soleil sur la tête. Pas le midi factice des montres, le vrai midi. Il y avait des autocars et des camions qui passaient sur la route, je ramassais mes champignons au vu et au su de tout le monde. Je m'y connais en champignons. Je sais comment est faite l'amanite fausse oronge.

Pour le soir, j'ai mis une robe de coton, avec une jupe à fronces, comme les bohémiennes. J'ai la taille mince et de beaux seins couleur de pain brûlé. Jean-Claude n'arrivait pas. Le dîner était froid et moi-même glacée comme un cadavre, dans cette cuisine qui sent le moisi. J'ai trouvé sur les dalles, devant la cheminée, deux petits scorpions noirs, il ne manque que les serpents dans cet enfer, et les flammes du Purgatoire montent dans l'âtre.

Il faisait nuit dans la cuisine quand j'entendis la moto. Je ne pouvais plus bouger, je restai accroupie devant le feu mourant.

Il apparut dans la porte :

— Charlotte !

Je ne bougeai pas.

— Charlotte, qu'est-ce que tu as ?

Qu'est-ce que j'ai ! Je fis un effort énorme, je m'approchai de lui, et lui tendis le front :

— Tu as fait bon voyage ?

Il prit ma tête entre ses mains, la renversa et me regarda dans les yeux :

— Qu'est-ce que tu as ? Qu'est-ce qui ne va pas, petite fille ?

— Mais je n'ai rien ! Tu dois avoir faim…

Je lui servis à manger et à boire. Margot reviendra demain, après-demain. Janine devenait fantastiquement belle, tout le monde se retourne sur elle dans la rue. Il trouva les champignons très bons et me gronda un peu d'avoir débouché une bouteille de vin vieux. Les Russes s'apprêtent à défendre Leningrad… Qu'est-ce qu'il y aura comme monde tué…

Alors je sortis d'entre mes seins la lettre, je la posai, chaude et fripée, sur les noyaux de pêches, dans l'assiette de Jean-Claude. Il ne dit rien, il attendait.

— Alors, dis-je doucement, quinze ans de ma vie, chaque instant de ma vie, quinze ans de malheur, notre enfant dont tu n'as pas voulu, tout ce que tu sais, tout ce que tu ne sais pas… Et pour tout dessert, cette lettre ?…

Il ne disait toujours rien, prudent, rusé…

— Un calvaire, un chemin de croix… Charlotte est bonne, Charlotte pardonne, Charlotte comprend !

Il ne bougeait pas. Pourquoi ne faisait-il rien pour que j'aie moins mal ? J'avais mal, j'avais mal ! Que faire pour que cela cesse ? Il ne sert à rien de crier. Je me tordais de douleur, Jean-Claude eut un mouvement d'épaules. Alors je me jetai par terre, à plat ventre, tapant de la tête contre les dalles. Oh, qu'elle cesse cette souffrance !

— Voyons, Charlotte !

Jean-Claude essayait de me soulever. Je me débattais, je criais, je le repoussais et je le retenais, je ne savais plus ce que je voulais. Je le mordis cruellement à la main. Il me repoussa de tous ses cinq doigts ouverts sur mon visage, ma tête cogna contre la pierre. Je m'entendis gémir comme un petit chien nouveau-né. Jean-Claude baignait sa main dans un seau d'eau, il se fit un pansement avec son mouchoir. Puis il me prit sous les aisselles, me mit debout et me secoua à me faire rendre l'âme. Je crus qu'il allait me tuer, et déjà je souffrais moins… Il me poussa sur le banc et, me maintenant d'une main, versait de l'autre un grand verre de fine. Il me le fit avaler, je serrai les dents…

— Bois, espèce de garce, bois…

Il jurait…

Nous avons bu énormément. De la fine et

du Pernod, tout ce qu'il y avait dans la maison. Assise sur ses genoux, j'ai chanté toutes les chansons qu'il aime. Il suffit que je chante pour que Jean-Claude tombe à mes pieds, sanglote, me demande pardon et prie devant moi : « Mon amour ! Ma femme !... » Ça ne fait rien, je ne chanterai plus jamais pour lui... D'ailleurs il est saoul. Nous roulons sur les dalles de la cuisine, devant la braise de l'âtre.

Jean-Claude eut la force de monter l'escalier. Seule dans la cuisine, je mets la tête dans le seau d'eau fraîche. Ça fait du bien. Moi, je n'ai pas beaucoup bu, je faisais semblant. Je vais attendre... L'amanite fausse oronge... Je vais attendre, je ne veux pas monter trop tôt, avoir son regard sur moi.

Je monte dans le noir du premier étage, je n'allume la lanterne que je porte à la main qu'une fois dans la chambre de Jean-Claude. La masse noire de Jean-Claude sur le lit...

Je l'ai étendu, bien droit sur le lit, j'ai mis ses mains en croix, j'ai posé le crucifix avec le Christ peint sur ses mains jointes et j'ai appuyé mes lèvres sur ses yeux : il est encore chaud, mais les amanites fausses oronges le tiennent... Ce grand corps raide, droit, immobile... Tombeau de pierre avec le chevalier de pierre couché dessus. J'ai allumé les deux beaux cierges des deux côtés du lit. On dira que j'ai fait de mon mieux, je suis une femme dévouée, je suis bonne, je suis courageuse… Je le regardais, Jean-Claude, mon amour, mon tourment… Je le regardais, sur son lit de mort.

Je me suis réveillée dans ma chambre, couchée par terre, près du lit, la tête enfouie dans la grande jupe de coton. Je rabattis la jupe : il faisait grand jour, grand soleil… Je m'adossai au lit et d'un coup le malheur m'apparut avec tous ses détails… Je ne bougeais plus, le temps passait…

Enfin des pas dans le couloir… un va-et-vient dans la maison… Déjà ? Dans la porte ouverte, apparaît Jean-Claude :

— Tu es réveillée, Charlotte ? Qu'est-ce que tu fous par terre ?… J'ai été malade, mais alors malade, je croyais que j'allais crever ! La chambre est dans un état de dégueulasserie ! Il faudra nettoyer ça, hein ? avant que Margot ne soit rentrée… Et toi ? Tu as l'air d'une morte, ma pauvre fille ! Jaune, comme Gale-Poison elle-même ! Ha-ha !… Ça nous apprendra à nous saouler la gueule… Il faut que je file au bureau…

Margot est rentrée le soir même, avec Jean-Claude qui est allé la chercher à la gare. Sa chambre était prête à la recevoir, j'ai fait le ménage à fond. Après dîner nous nous sommes assis dans le jardin, autour de la table ronde. Un aquarelliste lavait son pinceau trempé d'encre de Chine dans l'eau limpide du jour : la nuit fondait dans l'air, de plus en plus noir. Les fauteuils de Jean-Claude et de Margot se mirent à craquer... Déjà je ne devinais les gestes de Jean-Claude et de Margot que par les courbes que décrivaient leurs cigarettes, et quand une superbe lune apparut de derrière les arbres et se mit à monter sans secousses de plus en plus haut, elle surprit Margot sur les genoux de Jean-Claude : pensez, il y a si longtemps qu'ils ne se sont pas vus. Dans cette lumière théâtrale, blanche, la maison et nous-mêmes ne sommes plus que des faux-semblants... Chacun se tait, il n'y a rien à ajouter à ce décor d'opéra.

Je pars demain, à la première heure, il ne faut pas que je veille trop tard. J'ai reçu une lettre de Paris : Maman me presse de rentrer, il y a une histoire de sucre entre elle et ma belle-sœur, elles enferment maintenant toutes les deux leurs provisions à clef et ne se parlent plus. Le petit a fait tomber une bouteille d'eau de Javel, posée sur la tablette au-dessus du lavabo, dans le lavabo, et comme celui-ci était déjà fendu de la fois où mon beau-frère y a donné un coup d'échelle, il s'est cassé définitivement, on ne peut plus s'en servir... On se lave maintenant au-dessus de l'évier, dans la cuisine, parce que ce n'est pas le moment de faire des dépenses et de remplacer le lavabo cassé. Paul est toujours sans travail et la belle-sœur est obligée de faire de la chaise longue et peut-être subir une opération.

Maman a pris une femme de ménage, mais elle a dû la renvoyer aussitôt, parce qu'elle a su par la concierge que cette femme racontait dans le quartier que nous avions la cave pleine de provisions !

Je n'irai tout de même pas directement à Paris, je vais d'abord passer une ou deux semaines dans un petit pays à une heure de train de L… où, dans le temps, il y avait une très bonne auberge. Il faut que je me retape un peu avant d'apparaître devant la famille : j'ai trop marché dans les collines, ça m'a fait maigrir, je n'ai pas l'air reposée… Mon *ausweis* est valable pour deux semaines encore.

Dans le train, il y avait beaucoup de très jeunes gens, des militaires habillés comme des aviateurs, en bleu marine, tous à peu près du même gabarit : petits, courts sur pattes, et bien portants. Ils allaient et venaient dans le couloir, parlaient fort, étaient gais. J'ai compris qu'ils revenaient de Syrie, même qu'ils en avaient rapporté une petite tortue qu'ils se passaient de main en main avec toutes sortes d'histoires et de rires… Mais le pôle d'attirance se trouvait à un bout du wagon, devant la porte de la toilette et la portière ouverte sur un vent chaud : c'était une jeune fille très blonde, avec de magnifiques yeux bleus très fardés et cernés, de belles jambes nues, une jupe plissée qu'elle relevait pour s'asseoir sur le petit strapontin, et un pull-over collant sur des seins de vingt ans. Ils étaient trois, debout autour d'elle, les autres allaient et venaient. L'un racontait comment la blessure qu'il avait eue à la cuisse s'était envenimée et avait fait un abcès, le deuxième mangeait les raisins que la jeune fille avait tirés de son cabas, le troisième la regardait. Il dit seulement, en soulevant d'une main caressante la tignasse blonde de la petite qui couvrait sa nuque : « Ça ne vous tient pas chaud, cette perruque… » C'est avec celui-ci qu'elle se mit à la portière ouverte, le dos tourné aux deux autres et à tous ceux qui venaient la regarder, face au paysage filant dans le vent. On n'entendait pas ce qu'ils se disaient, cela se perdait dans le bruit du train. Les autres, discrets, parlaient maintenant entre eux. Celui dont la blessure avait fait un abcès se mit à chanter avec une suave voix de ténor :

Buvons un coup, buvons-en deux
À la santé des amoureux…

Ceux qui passaient, s'arrêtaient, accrochés par la voix et reprenaient :

À la santé des amoureux…

Ta-ta-ta-ta, ta-ta, ta-ta… faisait le train, en traversant un pont. Je sortis une boîte de chocolats que Jean-Claude m'avait donnée pour le voyage, Jean-Claude sait se procurer même du chocolat, et la tendis aux petits chanteurs : servez-vous ! Ils étaient contents d'en manger, de vrais gosses...

Villeneuve-lès-Avignon, 1941.

La belle épicière

Je regardais justement par la fenêtre quand la concierge qui, elle, regardait justement du côté du Providence-Hôtel, se prit la tête entre les mains et hurla : « Ça y est ! »

C'étaient une femme et un homme qui se jetaient justement par une fenêtre du Providence-Hôtel.

Les maisons de la rue étroite où se trouvait le Providence-Hôtel étaient de belles maisons du Paris d'autrefois, qui ont le corps rejeté en arrière, ce qui fait que dans la rue on a plus de ciel au-dessus de la tête que de pavés sous les pieds. Les fenêtres de ces maisons sont hautes et étroites, elles ont de grandes persiennes de bois, des rampes de fer forgé, des parquets précieux. Dommage que les façades ne soient pas ravalées, que le bois soit pourrissant, le fer rouillé. Dans la rue étroite le vent fait courant d'air, avec, derrière lui, une traîne froufroutante de papiers et de poussière. Il n'y a que les pigeons qui ne volent pas, lourds comme les pierres. La rue n'est pas passante, ils peuvent picorer toute la journée sans être dérangés. Quand un taxi s'y aventure par hasard, il est généralement obligé de faire marche arrière, à cause d'un camion, d'une charrette qui stationnent là depuis des heures. Le chauffeur du taxi a beau gueuler, celui du camion reste invisible. Les brodeuses qui occupent toutes les fenêtres du deuxième au numéro 24 se penchent pour voir. En face du 24, tout en haut, par la tabatière de la mansarde, une femme, avec une tignasse blonde et une chemisette bleu ciel, se plie en deux pour apercevoir le chauffeur gesticulant devant le camion immobile. Enfin, le chauffeur en prend son parti : il se remet au volant, fait marche arrière et disparaît en tournant le coin. Alors on entend à nouveau le violon grincer dans les étages quelque chose qui ne devient jamais une mélodie. Le balai du boueux qui chasse l'eau du ruisseau reprend son tch-tch-tch… La concierge du 11, celle qui boite jusqu'à terre, attend que le taxi ait disparu et rentre chez elle avec sa boîte à lait. Le charbonnier, la tête couverte d'un sac, pousse sa charrette jusqu'à la porte du bougnat. Un ouvrier passe en balançant une longue barre de fer. Une belle auto glisse silencieusement jusqu'au bout de la rue et s'arrête devant une porte cochère qui s'ouvre, majestueuse comme un pont-levis. L'auto rentre dans la cour, toute verte de grandes plantes vertes dans de grands pots verts, et un vieux concierge referme la porte cochère. De temps en temps, il déferle dans la rue un grand bruit de ferraille, comme un tonnerre de théâtre. Cela vient peut-être de chez l'étameur, un réduit noir où brillent le feu et le cuivre. Le chat noir de l'épicerie et le chat gris tigré du bistrot en face, se regardent au milieu de la rue, le gris joueur et pacifique, le noir sifflant, le dos rond de menaces et de peur. Le marteau du cordonnier qui travaille dans un trou du mur, au numéro 7, enfonce des clous dans le discret remue-ménage de la rue.

Le Providence-Hôtel a trois étages, il n'a pas grande allure, surtout que dans le même immeuble, près de l'entrée de l'hôtel, il y a une épicerie. Une toute petite épicerie, à peine franchit-on la porte étroite, attachée avec une ficelle pour qu'elle ne se referme pas, qu'on tombe sur la machine à couper le jambon Olida.

La petite épicerie ne désemplissait pas. C'était bien commode de l'avoir là, ouverte tard dans la soirée, et même le dimanche : l'épicière, madame Lavergne, habitait l'arrière-boutique avec son mari et son gosse. On pouvait entrer dans la boutique, ou passer par l'hôtel et la cour. On venait à l'épicerie pour acheter, et aussi pour faire un brin de causette avec l'épicière, sous le prétexte d'une salade, quand même celle-ci coûterait deux sous de plus que chez Potin, là, tout à côté, en tournant le coin, dans l'avenue. Madame Lavergne n'a évidemment pas le débit de Potin, elle est obligée de compter un peu plus cher.

Louise Lavergne était une femme royale, comme les reines des tableaux et des monuments. De taille moyenne, un peu forte, avec la peau blanche des brunes, les cheveux noirs et lisses, découvrant de petites oreilles aristocratiquement dégénérées, le cou, les épaules et les seins majestueux. Bras ronds, doigts effilés, chevilles fines… C'était à se demander pourquoi elle avait le mari qu'elle avait. D'ailleurs elle était seule à s'occuper de l'épicerie, son mari faisait l'homme-serpent dans les foires et s'absentait souvent. Le petit Michel grandissait dans les jambes des clients, dans les tomates et le sucre Say ; et, à cause de la mère, on avait envie de l'appeler le « prince-héritier ».

L'épicerie était si petite qu'avec deux clients on ne pouvait plus s'y retourner, mais dans l'arrière-boutique il y avait la radio, et l'hiver, avec la cuisinière allumée, il y faisait bon autour de la table de chêne clair. En été, madame Louise sortait des tabourets et des chaises et on faisait salon devant la boutique. On était tranquille dans la petite rue et en même temps, il y avait du mouvement à cause du café en face qui faisait l'angle de la petite rue et de l'avenue.

Le café n'était pas mal famé, il était seulement très fréquenté. Tout un monde de voisins et de passants s'y agitait jusqu'à tard dans la nuit. Le phono automatique ne s'arrêtait jamais, il y avait toujours quelqu'un pour mettre dix sous dans l'ouverture, et alors les ampoules rouges s'allumaient dans la boîte en verre, un disque se posait de lui-même et se mettait à dérouler le fil des romances… Derrière le zinc, le garçon Léon, une serviette sur l'épaule, versait cafés et bocks à des hommes coiffés de casquettes, de chapeaux mous, de bérets, à des femmes qui en cheveux, qui avec des chapeaux dernier cri. La caissière de la crèmerie à côté, en blouse blanche, une marchande de quatre-saisons, avec son tablier à plis faisant l'énorme tour de son ventre et de son derrière, des jeunes gens en knickerbockers à qui on voit toujours une bicyclette entre les jambes, le marchand de légumes, son gilet de tricot déboutonné sur une chemise sans col. Dans un coin, il y a la marchande d'huîtres, qui tricote, tant qu'on ne l'appelle pas au-dehors, côté avenue, où elle a ses paniers d'huîtres. Dans la salle du fond, devant la porte des cabinets, les boules du billard font toc, toc et toc…

Rose, la fille de la concierge du 11, de la boiteuse, faisait la navette entre le café et l'épicerie. Rose partait bien tous les matins à la même heure, et se disait « secrétaire », mais personne n'a jamais su ni de qui, ni où, ni comment…

On l'avait rencontrée en ville, dans une Amilcar rouge vif, avec Léon, le garçon du café. Cette petite Rose, avec son museau pointu et fardé, a grandi sous les yeux de la rue, et voici que c'est maintenant une demoiselle toute prête à mal tourner, à moins que cela ne soit déjà fait, car la rue ne l'a pas toujours sous les yeux.

Rose aidait parfois madame Louise à écosser les pois : l'aimable madame Louise pour faire plaisir à ses clients voulait bien écosser les pois sans les compter plus cher pour cela. Elle remplaçait aussi madame Louise quand, une fois par hasard, celle-ci avait une course à faire. Oh, pas souvent. Madame Louise détestait sortir de sa rue, elle détestait les grands magasins, l'agitation, les taxis et les gens qu'elle ne connaissait pas. Elle restait dans la demi-obscurité de sa petite boutique, dans l'odeur des fruits, du vin, du sucre… La radio chantait doucement dans l'arrière-boutique. Madame Louise souriait à ses clients, qui étaient contents d'être servis par ses mains blanches, naturellement manucurées. Et quand l'homme-serpent n'était pas là pour l'embêter, et une fois le prince-héritier couché, elle restait à bavarder devant la boutique : « Bonsoir, madame Louise, ça va, madame Louise… »

Il fait chaud. Rose vient s'asseoir sur un tabouret devant l'épicerie, en attendant que madame Louise en finisse avec les tomates et la monnaie. Elle chantonne, les mains dans les poches du tablier à fleurs tendu sur ses cuisses maigres, ses jambes bien droites serrées l'une contre l'autre. Voilà M. Frédéric, il a chaud et enlève son chapeau mou. Les policiers en civil ont l'aspect poussiéreux des gens qui se promèneraient en jaquette noire sur une plage ensoleillée. Il sourit à Rose et découvre des dents couleur muraille. Il porte un lorgnon avec une monture en or qui lui pince méchamment le nez.

— Qu'est-ce qu'il fait chaud, dit Rose, quelle heure est-il ?

— L'heure de prendre l'apéritif, Mademoiselle. N'est-ce pas, madame Louise, que c'est l'heure de l'apéritif ?

Madame Louise choisissait des oranges dans un panier de l'étalage devant la boutique, elle n'avait pas l'air incommodée par la chaleur, sa blouse bleu ciel gardait encore les plis du repassage, son front était sans moiteur. Elle sourit à M. Frédéric, retourna dans la boutique pour peser les oranges et encaisser l'argent.

— Ça sera tout, Madame ? Bonjour, Madame… Vous savez bien que je ne vais jamais au café, monsieur Frédéric…

— Il n'est pas sept heures, dit Rose, on n'a pas vu passer l'amoureux. Tiens, justement, le voilà…

Un homme débouchait de l'avenue et s'avançait lentement vers eux. Ni grand, ni petit, correct, chapeau mou, complet foncé, petite moustache blonde. Arrivé devant madame Louise, il ralentit encore, leva vers elle de très grands yeux gris, et continua son chemin. Madame Louise rougit tellement, que même son front bombé, son cou fort et rond, et jusqu'à son décolleté en pointe entre les seins devinrent rouges, comme si on avait renversé du vin rouge sur une nappe blanche. C'était comme cela qu'elle rougissait tous les soirs au passage de cet homme, exactement à sept heures, comme un train.

— Il est marrant ! – Rose se donnait des tapes sur les cuisses. – Il a du moins la semaine anglaise. Madame Louise, hein ? Il ne vient ni le samedi, ni le dimanche. Repos pour les amoureux !

Madame Louise haussa les épaules.

— Alors, madame Louise, vraiment pas ? Vous ne vous décidez pas ? M. Frédéric insistait pour l'apéritif.

— Et les clients alors ? Merci tout de même. Qu'est-ce que ce sera, Madame ? Je vais vous les choisir bien juteuses…

— Alors, à tout à l'heure, madame Louise, ce n'est pas que je m'ennuie avec vous, mais j'ai un mot à dire à Léon… Vous venez, mademoiselle Rose ?

La rue s'était vidée. Par les fenêtres ouvertes, les radios racontaient à tue-tête une histoire qu'on pouvait suivre en longeant la rue. Madame Louise dans son arrière-boutique remuait des casseroles et débarbouillait le prince-héritier dans une grande cuvette d'eau chaude : « Veux-tu te tenir tranquille, Michel… » Pour le retour de l'homme-serpent, Michel était installé devant sa soupe. Madame Louise avait déjà répété une dizaine de fois : « Simon, la soupe va être froide… » Le mari-serpent sortit de derrière le paravent en s'essuyant les mains, il était pieds nus, des pieds terriblement blancs, lui-même verdâtre. Le chandail à col montant et le pantalon étroit lui collaient au corps, ses bras, ses cuisses, ses jambes étaient comme des vers. « Merde, dit-il, en se mettant à table, si un homme ne peut plus se laver les couilles tranquille… »

Michel tapait avec une cuillère sur l'assiette et reçut un coup sec sur les doigts.

— Laisse le gosse tranquille, dit madame Louise. Et le prince-héritier reçut une autre taloche, cette fois de sa mère.

— Oh la la la la la… Veux-tu te taire ?

On frappait à la porte : un copain de Simon. Un homme qui avait un métier plus dangereux que celui de se nouer les pattes derrière le cou : on lui liait bras et jambes, on lui mettait un couteau bien aiguisé entre les dents et on le fourrait dans un sac. Puis on fermait le sac avec une ficelle et on le jetait à l'eau ! Il fallait que l'homme se débrouillât dans son sac pour couper les cordes et ressortir à la nage.

On prit le café. Les hommes parlaient entre eux, de leurs affaires. Madame Louise regardait les quatre-vingt-dix kilos de muscles. « Un bel homme », dit-elle quand l'autre fut parti.

Ce soir ils étaient encore là tous les trois : Rose, fraîchement fardée, perchée sur son tabouret, madame Louise allant et venant, servant les clients, et M. Frédéric, debout. L'amoureux débouchait de l'avenue, les yeux baissés, et Rose était déjà là à rigoler : « Ça y est, madame Louise, criait-elle, voici l'amoureux ! » M. Frédéric montrait toutes ses dents sinistres, et le marchand de légumes qui sortait justement du café en face, s'était arrêté pour voir. L'amoureux avançait lentement, mais cette fois-ci, arrivé devant madame Louise, il s'arrêta net, leva vers elle ses yeux gris et dit : « Vous riez, mais moi, je souffre… » Et il continua son chemin sans se presser. Il y eut un moment de stupeur. Madame Louise était plus rouge que ses plus belles tomates rouges, à peau fine. « Crevant, criait Rose qui avait retrouvé sa voix, crevant ! » Elle se renversait sur son tabouret, applaudissait des mains et des cuisses maigres : « Mais moi, je souffre ! Ce qu'il peut être mimi, ce bonhomme ! Mais, moi, je souffre !… »

Du coup, le marchand de légumes retourna au café. M. Frédéric avait l'air songeur : « Vous faites des ravages, madame Louise… Qu'est-ce que c'est que cet homme ? Il n'est pas du quartier… — Que voulez-vous que cela me fasse, qu'il soit du quartier ou pas… » dit madame Louise en se rengorgeant, et ce mot va bien à sa gorge. Elle ressemblait plus que jamais aux pigeons qui picoraient à ses pieds sur la chaussée.

— Vous êtes dure, madame Louise, s'agitait Rose. Mais moi, je souffre ! Il est trop mimi !

— Un amoureux de plus ou de moins, ce n'est rien pour madame Louise, n'est-ce pas, madame Louise ?

Ce soir, madame Louise se laissa entraîner au café. Il était plein, comme toujours à cette heure. Rose les quitta aussitôt, on pouvait l'entendre rigoler près du billard. Le garçon qui se tenait derrière le zinc n'était pas Léon. M. Frédéric le dévisageait, tout ahuri : « Et alors, Léon, qu'est-ce qui lui arrive ? » Le nouveau garçon, solide et rembourré, essuyait le zinc d'un large coup de torchon, il regardait M. Frédéric d'un air boudeur et attentif, avec des yeux vagues, comme entre deux vins. Il avait le visage rond, le teint basané et de beaux cheveux châtains, ondulés. Après un temps, il dit : « Il a sa mère qui est morte, il est parti chez lui, et puis il en a pour un moment. Alors je le remplace, c'est plutôt pour lui faire plaisir, parce que moi, vous savez, j'aime mieux faire autre chose, que de rincer les verres. » Il avait une voix de ténor, voilée.

— Vous êtes un ami de Léon, alors ? insistait M. Frédéric. C'est peut-être bien avec vous qu'il va aux courses ?

— Peut-être bien… Qu'est-ce que je vous sers, Madame, un petit Pernod ?

M. Frédéric regardait ailleurs, il était brusquement distrait par un couple devant le zinc : la femme portait une robe très ajustée, une voilette faisant nuage autour de ses cheveux platinés ; il y avait des diamants au poignet d'une main gantée de daim rose, qui tenait un verre de Perrier, sans craindre la buée. Son compagnon avait une de ces montres-bracelets en or ! M. Frédéric se retournait comme une poche, il essayait d'entendre leur conversation. Quand M. Frédéric voyait quelque chose qui n'était pas d'un ton neutre, qui n'était pas comme tout le monde, il devenait attentif.

— Léon ne m'a pas parlé de vous, disait le nouveau garçon, en remplissant le verre de madame Louise, tandis que M. Frédéric, sur le pas de la porte, regardait le couple monter dans une voiture qui ne tarda pas à lui montrer son arrière-train puissant.

— Dites donc, Monsieur, lui fit le nouveau garçon, quand M. Frédéric s'approcha du zinc, à quoi qu'on pense dans votre patelin : madame Lavergne me dit que vous ne lui avez encore jamais payé le cinéma.

— On voit bien que vous ne connaissez pas madame Louise, il n'y a pas moyen de la faire sortir. Et puis, vous savez, il y a M. Lavergne.

— Ça, il y a toujours moyen de s'arranger. Pas, Madame Louise ?

— Il faut que je rentre, dit madame Louise, on verra ça une autre fois. Dès la porte elle aperçut Michel qui descendait la rue en criant : « Maman ! » Plus sale que jamais.

— C'est encore les grands qui t'ont arrangé comme ça ? Allez, allez, dépêche-toi…

Pendant qu'elle débarbouillait le prince-héritier, elle avait la tête ailleurs : « … on n'a qu'à voir, l'amoureux, par exemple, ça le tient depuis un an, au moins. Il a les talons tournés que c'est une pitié. Peut-être se tuera-t-il pour moi ? Toutes les femmes s'arrangent pour avoir des fréquentations, sauf moi. Je suis pourtant autrement bien… Rose, un véritable manche à balai. La teinturière, c'est une meute derrière elle. Les hommes disent qu'elle a de beaux yeux. Je m'habillerais autrement bien que cette femme au zinc. Faut-il ne rien comprendre à la toilette ! Avec tout ce que j'ai à faire je n'ai seulement pas le temps de penser à mes cheveux, je ne suis pas à la mode… »

Michel avec une blouse propre se traînait déjà par terre.

— Michel, veux-tu, quelle malédiction que cet enfant !

Puis elle le laisse faire, elle se regarde dans le miroir au-dessus de l'évier, la vapeur de l'eau qui bout sur le gaz embue la glace. Elle se trouve belle et amère.

Dimanche, madame Louise s'est laissé entraîner au théâtre par madame Decoin, la concierge du 21. Madame Decoin était veuve et opérée des ovaires, elle était énorme. Elle se payait le théâtre tous les dimanches après-midi, elle en raffolait. Du temps où elle était belle gosse et femme de chambre dans un grand hôtel, elle allait au théâtre tous les soirs, qu'elle disait. Madame Louise ne se lassait pas d'écouter le récit de ses nombreuses amours d'autrefois, mélange de grands-ducs et de garçons d'étage. Elle n'a pas perdu son temps au temps où elle a été belle gosse.

Elles sont allées voir « Ce cochon de Joseph », au théâtre Déjazet, en matinée naturellement. Le prince-héritier muni de pain et de chocolat jouait dans le square voisin de la petite rue. La mère de Rose avait promis d'y aller de temps en temps voir ce qu'il devenait. Rose gardait la boutique. Madame Louise avait ondulé ses cheveux. Le corset des grands jours la boudinait un peu. Après le théâtre, madame Decoin l'a emmenée dans un grand café, boulevard Saint-Denis.

Elles se sont bien amusées au théâtre ; c'était assez cochon, en vérité. Madame Decoin, tout égrillarde, en riait encore.

— Ah, disait-elle, en s'essuyant les yeux tant elle avait ri, vous avez bien tort, madame Louise, de ne pas profiter de votre jeunesse. Une belle femme comme vous et personne à se mettre sous la dent.

Madame Louise en devint toute rouge :

— C'est vous qui le dites, qu'est-ce que vous en savez ?

— Je sais ce que je dis, votre serpent n'est pas cocu, et ce n'est pas à lui que cela tient, ce n'est pas à vous non plus…

— Dites donc tout de suite que personne ne veut de moi. Est-ce que je serais bossue par hasard ?…

— Vous n'êtes pas bossue, ma petite, mais vous manquez de sex-appeal, c'est moi qui vous le dis.

— Il faut rentrer, madame Decoin, savoir ce qu'il a encore fabriqué, mon Michel. Pour le reste vous vous mettez peut-être le doigt dans l'œil.

Tout s'était très bien passé ; le prince-héritier n'en a pas fait plus que d'habitude, et Rose a vendu un peu de tout à des clients du dimanche. Dimanche, comme toutes les autres boutiques du quartier étaient fermées, c'était une clientèle un peu spéciale.

L'homme-serpent était parti pour trois mois. Madame Louise s'est plusieurs fois laissé entraîner au café d'en face pour prendre l'apéritif. Après le passage de l'amoureux. Le nouveau garçon qui remplaçait Léon y était toujours. Il s'appelait Raymond. En coupant le jambon avec la machine en face de la porte, madame Louise pouvait très bien le voir aller et venir derrière le zinc. Il lui envoyait des sourires et des petits signes d'amitié. Cela faisait plaisir à madame Louise de se savoir sous les yeux vagues de Raymond, elle mettait souvent des souliers à talons hauts.

Elle a aussi été une autre fois au théâtre avec madame Decoin, et un soir Raymond les a invitées, elle et Rose, au cinéma. Il lui avait pris la main dans le noir et lui avait dit tout bas : « Vous avez une peau bien douce. » Une autre fois, le jour de sortie de Raymond, ils ont fait tous les trois une promenade au bois de Vincennes.

Après ces sorties en ville, madame Louise était toute changée pendant un bon moment : bien moins reine, le front montrant ses bosses, et la joue une courbe moins nette. Jusqu'à ce que les vagues de ses cheveux se soient aplaties. Pour ses sorties, elle mettait un tailleur noir et des chaussures sport. Il lui en restait quelque chose, même quand elle remettait ses chaussons et sa blouse bleue, au point que le vieux petit boucher tout voûté n'en revenait pas :

— Mais vous êtes toute changée, madame Lavergne ! Je ne vous reconnaissais plus. On dirait que vous avez engraissé… Qu'est-ce que vous voulez aujourd'hui, mon petit poulet, qu'est-ce que je vous sers ?

— Elle est tendre, l'aiguillette ?

— Elle est tendre, elle est tendre, pas autant que vous, madame Lavergne !

En lui tendant le paquet, le vieux boucher s'arrangeait toujours pour lui toucher la main, de sa main froide à cause de la viande qu'il manipulait. Madame Louise souriait, hautaine et secrète.

L'aiguillette était le morceau préféré de Raymond, il aimait la viande très juteuse, perdant le sang dans le beurre qui fond dans l'assiette. C'est un véritable gourmet, Raymond, ce n'est pas parce que le filet est le morceau le plus cher, qu'il le trouverait meilleur. Le filet, c'est tendre, mais trop sec et sans goût. Les frites doivent être d'un blond pâle, ce sont les pommes de terre rissolées qui sont bonnes très dorées, marron, un peu brûlées… Au lieu de manger avec la marchande d'huîtres et le patron, il traversait la rue et venait manger chez madame Louise.

Si seulement le mari pouvait rester là où il est, qu'il se plie en deux, en quatre, qu'il se gratte avec le pied derrière l'oreille, mais pas dans son lit, pas dans son lit… Madame Louise cassait des œufs pour la pâte à beignet, comme si elle commettait un meurtre. Elle les cassait, elle les fouettait. Le prince-héritier ne pipait plus, il n'y comprenait rien : il se faisait embrasser en rentrant avec les pieds trempés, et quand il n'avait rien fait du tout, voilà qu'il recevait une raclée ! Madame Louise tapait de préférence sur les fesses, et le prince esquivait les coups en s'asseyant très vite, mais ces derniers temps sa mère avait la main si leste qu'il n'y arrivait plus.

Le boucher avait raison, madame Louise avait quelque chose de changé, peut-être avait-elle simplement engraissé. Sous la chemisette on lui voyait un bourrelet entre le soutien-gorge et le corset, et comme elle laissait déboutonné le haut de la chemisette on pouvait voir ses deux seins majestueux et blancs, comme deux fleurs rondes d'hortensia blanc. C'est que d'habitude elle ne portait pas de corset. Les souliers sport, à talons plats, ne sont pas très flatteurs pour la silhouette.

« Alors, madame Louise, disait de sa voix étouffée Raymond en arrivant, vous allez bien, madame Louise ? » Et il la suivait derrière le paravent sous prétexte de prendre le tire-bouchon : il apportait des bonnes bouteilles. Rose mangeait souvent avec eux. La teinturière, une grande fille maigre aux yeux charbonneux, venait prendre le café. Quand ils s'y mettaient, elle et Raymond, il y avait de quoi mourir de rire ! Ils racontaient des choses à faire rougir le buffet de chêne clair. Après dîner, madame Louise était cramoisie. Raymond la regardait de cet air boudeur, et mettait son bras, la manche retroussée, le long du bras nu de madame Louise. Elle souriait. Le cordonnier qui travaillait dans le trou du mur, au 7, était aussi un habitué. C'était un homme plein de fantaisie : il refusait du travail comme s'il en avait trop, et pourtant, on voyait bien plus souvent sa calvitie blême penchée au-dessus d'un journal qu'au-dessus d'une semelle. Il ne raccommodait peut-être que les souliers qui lui plaisaient, et ceux de madame Louise il les réparait pour rien. Il venait chez madame Louise à l'heure des informations à la radio, et il se mettait à parler politique. Raymond s'échauffait : ils n'étaient pas d'accord. Il savait tout, Raymond : comment le prince de Galles avait connu sa poule, et le prochain changement du ministère, et les dessous des Uni-Prix… Mais, au fond, le malheur de notre pays c'est que les ouvriers en prennent trop à leur aise. À quoi le cordonnier répliquait que c'était la haute finance qui était responsable de tout, avec ses histoires, et qu'on verrait ce qu'on verrait… Rose faisait pendant ce temps les yeux doux à Raymond. Il la pelotait un peu, en passant. Elle se laissait faire. La teinturière aussi, d'ailleurs. La marchande d'huîtres peut-être aussi. Madame Louise souriait, sereine, en femme sûre de son affaire. Et à propos de madame Labasque, la marchande d'huîtres, elle disait, hypocrite : « Je ne sais pas ce qu'elle a, madame Labasque, à me faire la tête comme ça !… » « Elle est jalouse, pardi ! » rigolait Rose. Raymond le prenait mal : « Jalouse ? Non, tout de même, il me faut des femmes mieux que ça !… » « Vous ne la trouvez donc pas bien ? Elle est si mimi avec ses lunettes ! Vous auriez dû la voir hier, quand vous avez fait bonjour à madame

Louise… Elle en était malade, mais malade… À propos de jolies femmes, vous avez remarqué la petite divorcée du 16, elle fréquente maintenant un beau garçon, avec une de ces bagnoles… » « Cette petite-là, dit Raymond, sentencieux, n'arrivera jamais à rien, c'est moi qui vous le dis, et puis, moi, je m'y connais un peu… Encore un petit verre de marc, madame Louise ? » « Je suis pompette, dit madame Louise, en tendant son verre. Va voir, Rose, il y a quelqu'un dans la boutique… » Rose allait voir.

Elle avait reçu une lettre de Léon : il devait rentrer d'un jour à l'autre. Le mari de madame Louise ne devait pas tarder, lui non plus. On se dépêchait de faire de petits dîners soignés, on s'envoyait de ces gigots, de ces canards et de ces fines ! C'était Raymond qui apportait tout ça, il avait des combines, cela ne lui revenait pas cher.

Après le retour de Léon, on voyait Rose bien moins souvent. Madame Louise sortait de plus en plus, et même le soir. Elle avait un nouveau tailleur, la jupe bridait un peu sur les fesses maintenues par le corset, dont on devinait le bord et les nœuds au lacet. Les boutons-pression de la jupe sautaient souvent.

Le retour de l'homme-serpent se fit sans incident. Ils étaient là, installés en face l'un de l'autre, Michel mettait de la soupe partout. Ils en étaient au fromage, quand Simon resta le couteau en l'air :

— Qu'est-ce que c'est que ça encore ?

— Quoi ?

Simon pointait son couteau dans la direction des cheveux de madame Louise.

— Ça ne va pas ?

L'homme-serpent regarda un bon moment les cheveux coupés et ondulés de sa femme :

— Oh la la la la…

Il haussait les épaules. Madame Louise passa d'un air supérieur la main sur les mèches grasses, un peu en désordre.

Dans les draps râpeux du lit d'hôtel, le corps nu de madame Louise était comme un buisson d'hortensias blancs, avec des ombres dans les rondeurs poreuses, de lourdes fleurs blanches.

— Je n'ai pas toujours été heureuse… Tu crois que c'est une vie, il crie tout le temps… Ce n'est pas qu'il soit méchant, mais c'est un caractère comme ça. Et le petit tient de lui, il n'est pas caressant… Et puis ce n'est pas un métier pour une femme seule que de tenir un commerce, pas ?

— Oui, ma chérie…

Raymond était couché sur le dos. Il avait enlevé juste son col, et le bouton doré risquait bien de se perdre dans cette histoire. Son visage était encore plus bouffi que d'habitude.

— Tu crois que c'est une vie pour une femme… Ma belle-sœur ne me laissait pour autant dire jamais de répit, pas même quand j'étais enceinte… Et le beau-père, tu sais, il est vert pour son âge… La belle-mère le fait tourner en bourrique… Elle n'en a que pour son petit Simon ! Et jalouse ! Est-ce que c'est permis d'être jalouse de son propre fils !… Seulement maintenant c'est fini, il ne faudrait pas qu'elle vienne me faire des histoires…

— Tu as bien raison, ma chérie…

Ce n'est pas la première fois qu'il entend ces doléances, il les connaît par cœur. Mais il sait ce que c'est que les femmes. « Hop, dit-il, on va se lever, je vais te payer un bon petit gueuleton "Chez Jean" ».

« Chez Jean », à la République, le patron serre la main à Raymond : « Cela va-t-il comme vous voulez, monsieur Raymond ? Je vais vous installer dans un petit coin, où il n'y a pas de courant d'air… » « Tu comprends, explique Raymond à madame Louise, Jean, je le connais encore du temps où il ne portait pas de chemises de soie. Tu vas voir le château qu'il va nous servir ! »

Le patron, un type bien bâti, un peu gras, était sans veston, en chemise de soie à poignets étroits, un pli impeccable au pantalon, une raie impeccable dans ses cheveux très noirs ; le seul désordre qu'il y avait dans sa personne, c'étaient ses yeux qui disaient zut l'un à l'autre. Dans le bistrot, long et étroit, autour des tables de marbre, sans nappes, et vissées au plancher, étaient assises des femmes endiamantées, des messieurs cossus. Le restaurant était réputé pour l'excellence de ses grillades. Raymond était ici certainement le mieux servi. Madame Louise souriait sur la banquette étroite et dure, un peu de gras luisait sur ses lèvres défardées. Raymond parlait à mi-voix avec le patron qui s'était assis à leur table pour prendre un armagnac. Madame Louise était gavée.

— Regarde cette bonniche, c'est d'un drôle…

Madame Louise avait entendu ça du coin de l'oreille : c'étaient deux femmes assises à la table voisine, qui parlaient assez fort en la regardant. Madame Louise souriait, sereine : elle avait du sex-appeal, madame Decoin elle-même devait en convenir, alors, ces poules… À l'heure qu'il est, l'amoureux, par exemple, s'était peut-être tué pour elle ! Parfaitement, il y avait longtemps qu'on ne le voyait plus. Ces manches à balai, ça se croit et il n'y a peut-être bien personne qui en veuille… Ce n'est pas pour elles qu'un homme se tuerait.

— Non, non, laissez ça, monsieur Raymond, disait le patron, aujourd'hui c'est ma tournée…

Les talons de madame Louise claquaient victorieusement sur le pavé de la petite rue. Ses blouses empesées ressemblaient à une robe de mariée. Elle avait un sourire perpétuel. La petite divorcée du 16 est restée tout ébahie, quand madame Louise lui dit : « Vous devriez, mon petit, porter les cheveux relevés, cette coiffure ne vous va pas, ce n'est pas votre genre... » Elle regarda attentivement madame Louise et se dit : « Ces gens-là, il faut les tenir à distance. » La petite épicerie qui était si commode pour les gens du voisinage, était maintenant presque toujours fermée. Rose protestait parce que madame Louise la lui faisait garder un peu trop souvent. Tantôt c'était que madame Louise voulait sortir, tantôt elle était fatiguée et n'avait pas envie de se lever pour servir les clients. Michel était chez les beaux-parents pour toutes les vacances. Madame Louise allait chez madame Decoin, au café prendre un verre avec M. Frédéric, ou elle s'arrêtait à l'échoppe du cordonnier. Sans compter les grandes sorties en ville. Madame Decoin lui avait déjà dit plusieurs fois : « Vous n'êtes pas raisonnable... On a vu Raymond en chemise dans l'arrière-boutique, il sort de chez vous à n'importe quelle heure ! Vous voyez que votre mari rentre à l'improviste !... » Madame Louise, qui d'abord avait répondu par un silence souriant, finit par se fâcher : « Ma petite, dit-elle, je fais ce que je veux, et puis qu'on ne m'embête pas, je plaquerai Simon et le gosse, et je ne reviendrai plus jamais dans cette sale baraque !... Tiens, je vais aller prendre un café, je suis toute nerveuse maintenant... »

Rentrée chez elle en coup de vent, elle eut un

pincement de cœur devant les jouets de Michel, ramassés dans une corbeille. « Pourvu qu'il ne soit rien arrivé au gosse... » Elle mit son chapeau et ressortit en courant, comme si elle avait quelque chose à faire dehors.

Il est presque sept heures, il fait beau, si beau. Madame Louise tourne le coin et se trouve dans la grande avenue. Elle passe devant Potin où l'on rentre les tables avec la marchandise. On ferme. Dans les glaces d'une vitrine de pharmacie, elle se voit derrière des flacons de lait de beauté. Comme ça, de trois quarts, elle se reconnaît à peine : qu'est-ce que c'est que cette grosse dondon aux joues renflées... Elle s'arrête : de face, c'est bien elle. Elle arrange une mèche, tire sur sa jupe. Ces boutons-pression, quelle barbe ! Savoir si cette machine, au milieu de la devanture, une coupe en métal, avec une longue tige métallique, raffermit vraiment les seins ? Sur une image, derrière la machine, une jolie femme applique la coupe sur un de ses seins, qui n'en a pas du tout besoin, si l'on en juge par l'autre, qui est nu. La jolie femme sourit, ravie du résultat qu'elle va obtenir.

Plus loin, madame Louise s'arrête devant la fleuriste : il y a sur le trottoir, tassés dans de grands seaux, des bouquets d'anémones, des marguerites jaunes... La vie est peut-être belle... Elle quitte les fleurs. Un homme, ni grand, ni petit, avec une moustache blonde, vient à sa rencontre. Mais c'est l'amoureux ! Madame Louise se compose un visage, elle se prépare à des choses. L'amoureux traverse la rue…

Madame Louise est tellement étonnée qu'elle se fait bousculer par les gens, par tout Paris en délire à cette heure où les magasins ferment, où chacun veut aller d'un endroit à l'autre. L'a-t-il vue ?… Pourquoi était-elle sortie ? Où ira-t-elle ?… Madame Louise n'est pas habituée à flâner. Elle sortait pour quelque chose, pour aller aux Halles (d'ailleurs pas autrement qu'une simple ménagère, qui aurait une famille un peu grande : il ne lui fallait pas beaucoup de marchandises pour la petite épicerie), ou acheter une paire de chaussures pour Michel, ou une chose ou l'autre dans les Grands Magasins. Elle se sentait tout intimidée devant les vendeuses bien arrangées. C'est comme au restaurant, les premières fois qu'elle y est allée avec Raymond, ce qu'elle a pu être embarrassée ! Fallait-il qu'elle fût bête tout de même, être embarrassée par une petite vendeuse quelconque, parce que celle-ci avait du vernis aux ongles… Raymond, lui, est à son aise partout. Raymond était maintenant portier dans une boîte de nuit. C'est une place qui demande un homme costaud, et qui connaît son Paris. Cela rapporte. Elle se représente les épaules rembourrées de Raymond. Pas la peine d'essayer de le trouver à cette heure-ci : il ne serait plus à l'hôtel, et sa boîte n'ouvre qu'après le théâtre.

Madame Louise tourne tantôt à droite, tantôt à gauche, elle se trouve brusquement à la Bourse, comment a-t-elle fait pour se trouver à la Bourse ? Paris se calme, il faut croire qu'elle rôde depuis longtemps, ça va être l'heure du dîner. Les rues perdent leur foule. Les gens sont rangés dans leurs salles à manger et les restaurants, comme dans les tiroirs d'une commode. Madame Louise se décide à rentrer, elle est fatiguée, il est bientôt neuf heures. Comme elle traversait le boulevard de la Madeleine, vide et calme, elle aperçut sur la chaussée, devant elle, le dos large de Raymond. Il avait son imperméable beige qu'il venait d'acheter, et il tenait une femme par le bras. « Hep ! » cria Raymond : un taxi s'était arrêté et madame Louise vit une cape de renards argentés, et de longues jambes qui grimpaient dans le taxi… Raymond monte derrière la femme. Le taxi part dans un bruit énorme. C'est comme ça quand on mange une biscotte : personne n'entend le bruit énorme que cela fait dans les oreilles de celui qui la mange.

Dans le café en face de l'épicerie, le phonographe automatique, avec ses feux rouges, chante au passage de madame Louise :

… Je n'ai plus de mère
Je n'ai plus de père
Plus un seul ami

Pour pleurer demain
Quand on me pendra…

Léon, la marchande d'huîtres et le patron sont en train de dîner. Rose n'est pas là. Un homme accoudé au zinc boit un café, de longues mèches pendent sur le col de son veston. C'est lui qui a dû choisir cette chanson. Madame Louise a un élan pour cet inconnu.

Elle n'a pas envie de rentrer chez elle. Pas un seul ami… Aujourd'hui elle se serait contentée de n'importe qui, même de l'homme-serpent. « Bonsoir, Madame », dit-elle à la patronne du Providence-Hôtel, qui prend le frais devant sa porte. « Bonsoir », dit l'autre, et elle rentre. Elle n'est pas causante, cette dame blême de poudre et peut-être de chagrins cachés.

Il ne fait pas encore nuit, c'est maintenant une lumière égale, sans éclat et sans ombres. Madame Louise baisse le store de la fenêtre qui donne sur la cour et allume la lampe. Elle veut se persuader qu'il fait nuit, que tout le monde dort comme elle va dormir… Mon Dieu, dire que, toute sa vie, elle a été malheureuse, elle pense à sa belle-mère, à tout ce que celle-ci lui a fait, et Simon qui ne l'a jamais défendue, au petit quand il a eu la rougeole et qu'on a cru que c'était la scarlatine. Mon Dieu, mon Dieu. Jamais Simon ne lui a fait le moindre plaisir, pas même un bouquet de violettes… Madame

Louise sanglote sous les draps. L'amoureux ne s'était pas tué pour elle. Il a traversé la rue, quand il l'a vue. Elle a pourtant du sex-appeal. Elle a des beaux mollets, elle… Elle n'avait pas besoin de cape de renards argentés pour être élégante, elle…

Rose se marie. Pas avec Léon, comme on aurait pu le croire. Un beau jour, elle avait amené dans la loge de sa mère un jeune militaire : vingt ans, une tête d'enfant blond, des parents rentiers en province, et une petite auto. Amoureux fou de Rose. Rose qui était déjà libre avant, maintenant qu'elle était fiancée ne rentrait plus qu'au petit matin. Elle conduisait elle-même sa petite auto, tous les jours elle avait quelque chose de nouveau à montrer : une blouse, un chapeau, des boucles d'oreilles… Elle avait encore maigri, mais ses dix-neuf ans le supportaient très bien. Elle n'avait plus beaucoup le temps pour remplacer madame Louise dans la boutique. Et comme madame Louise sortait quand même, les clients, fatigués de se casser le nez, devenaient plus rares.

Madame Decoin est tombée malade, on l'a emmenée à l'hôpital. Toujours le ventre, cet énorme ventre pourtant déjà vidé et qui continuait à faire des siennes. Madame Louise est allée la voir. La grande salle écaillée, pleine de femmes hagardes dans leurs lits de fer, les infirmières sans réplique, et madame Decoin, dans une chemise en grosse toile grisâtre, l'air d'un sac de pommes de terre juché sur le lit, tout ça lui avait semblé effrayant. Une femme gémissait dans le lit à côté de celui de madame Decoin. « Elle ne fera pas long feu... » souffla madame Decoin. Madame Decoin était couchée sur le dos, elle tenait ses mains réunies sur la couverture, au-dessus de son ventre, comme pour le protéger. Son visage, de la même couleur que les mains et les draps, n'avait plus rien de commun avec la bouille de madame Decoin, deux petites nattes, maigres, maigres et grises, elles aussi, pendaient des deux côtés de ce visage.

Les malades qui n'avaient pas de visites, dévisageaient les visites des autres et attendaient patiemment pour tous leurs besoins qu'elles fussent parties. Il n'y avait que la voisine de madame Decoin qui gémissait, qui gémissait, sans aucune discrétion... Madame Decoin n'avait même pas demandé des nouvelles du petit ou de Raymond. Elle s'expliquait longuement sur son ventre. Madame Louise sortit de l'hôpital avec une forte envie de rendre. Cette odeur de femmes malades... Mourir à l'hôpital...

C'était fini, les grandes promenades au bois de Vincennes, la flâne sur les quais, les petits dîners, le cinéma. Quand ils s'étaient connus, Raymond travaillait au café, des vacances, quoi, tandis que maintenant il passait ses nuits dehors. Donc il se levait tard, et ce qui restait de la journée, il fallait l'employer à des affaires. Jamais Raymond n'arrivait à faire son plein de sommeil. Il y avait aussi qu'il habitait maintenant plus loin, à côté de son travail, dans un de ces hôtels de Montmartre où on entend marcher l'eau toute la journée et toute la nuit. Il y avait un tapis cloué par terre, et un marbre sur la cheminée. Madame Louise, malgré son récent aplomb, était mal à son aise en franchissant la porte de cet hôtel. D'ailleurs ce n'était que du provisoire, Raymond avait l'intention d'acheter une petite maison en banlieue. Il y aurait un jardin, des poules et des lapins. En attendant, il ne voulait plus venir à l'épicerie, il ne trouvait pas ça correct vis-à-vis de Simon. Autrement, il était toujours aussi serviable et prévenant. On était avec lui comme dans un fauteuil, tellement il était confortable, avec sa large poitrine, ses grandes mains chaudes, sa voix étouffée… Seulement, la vie, c'est la vie, il fallait se débrouiller, pas, madame Louise ? (Il continuait à l'appeler madame Louise, il s'y était habitué.) Alors pour pouvoir encore faire claquer victorieusement ses talons, et dire « mon petit » à ses clients, madame Louise n'avait jamais montré à Raymond qu'elle l'avait rencontré avec une poule. Il y avait de ces filles attachées à l'établissement de Raymond, le beau Raymond leur rendait parfois de petits services, elles avaient des gentillesses pour lui, mais enfin cela ne se comparait pas ! Madame Louise avait du sex-appeal, et si elle avait voulu…

M. Frédéric avait invité madame Louise à dîner. M. Frédéric n'était pas un gourmet comme Raymond, mais il avait de la conversation : « Raymond est un homme heureux », disait-il en montrant ses dents couleur de muraille. Ils étaient en train de boire du mauvais café dans une brasserie inondée d'une lumière blanche, insupportable d'intensité, et qui mangeait toutes les couleurs : madame Louise avait l'air blême sous ses cheveux noirs et on n'aurait pas su dire de quelle couleur était sa chemisette. On sentait le besoin d'un peu d'ombre, comme en été, en plein soleil.

— Et moi, une femme heureuse, dit madame Louise, coquette.

— Les femmes sont toujours pleines d'illusions…

M. Frédéric frottait les verres de son lorgnon : il était très galant, mais il ne pouvait s'empêcher de regarder à droite et à gauche, d'observer un couple d'amoureux à la table voisine, l'homme seul un peu plus loin, et même l'autre couple, derrière, qu'il pouvait voir dans la glace.

— Pourquoi, d'illusions ? fit madame Louise et elle rougit comme elle savait rougir. Cela se voyait malgré l'éclairage.

— Oh, c'est une manière de parler… Une femme aussi belle que vous n'a pas besoin de courir après un homme, elle en aura autant qu'elle voudra… Au contraire !

Et M. Frédéric fredonna :

Comme la plume au vent
Femme est volage…

L'homme seul était en train de payer : avec un billet de mille francs. M. Frédéric suivit des yeux le billet.

— Mais je ne cours après personne, dit madame Louise, outrée. Je ne sais pas ce que vous voulez dire…

— Vraiment, Raymond est si habile ?…

La jeune femme de la table voisine descendait au lavabo. Aussitôt son compagnon ouvrit le journal et se plongea dans les petites annonces…

— Enfin, monsieur Frédéric, voulez-vous vous expliquer, nous ne sommes pas au commissariat, ne me la faites pas à l'esbroufe.

M. Frédéric, en pleine euphorie, ressentit très fortement ce rappel à la réalité :

— Vous êtes bien nerveuse, madame Louise. Je croirais volontiers que vous êtes au courant des faits et gestes du sieur Raymond. Mais puisque vous y tenez : il est en ce moment avec une certaine Lolette, qui… Sans compter toutes ces dames de l'établissement, c'est plutôt du business…

M. Frédéric, qui lui avait payé un taxi pour la conduire à la brasserie, la ramena à pied.

Le lendemain de ce dîner était un lundi, jour vide et sévère. Madame Louise essaya de s'occuper à réviser les affaires de Michel. Ce n'étaient pas les clients de l'épicerie qui la dérangeraient : il n'en venait pour ainsi dire plus. Simon devait rentrer d'un jour à l'autre. Madame Louise se mit à brosser sa vieille veste. Ses souliers à elle avaient besoin d'un ressemelage. Elle les a achetés il n'y a pas trois mois. Quelle camelote ! Le contenu d'un tiroir de la commode était maintenant sur la table. Madame Louise rangeait : des vieux bouts de ruban, des culottes de Michel devenues trop petites, des serviettes dépareillées, une dentelle déchirée, elle a été si jolie ! Beaucoup de boîtes vides, des vieilles lettres et des photos… Le tiroir rangé, madame Louise éprouva de la satisfaction. Elle rangera les deux autres demain. Il faudra laver les rideaux, les carreaux. Madame Louise se sent pleine d'énergie : elle va faire tout ça demain. Il fait frais dans l'arrière-boutique, c'est l'avantage d'un rez-de-chaussée, et qui donne sur la cour. « Moi, je suis une femme soigneuse, minutieuse. Une fille comme Rose, cela n'a pas d'ordre, c'est propre sur soi, mais chez elle c'est un cauchemar. Il a beau dire, M. Frédéric, Raymond n'ira pas chercher ailleurs, tout de même… » Ça lui calme les nerfs, de ranger.

Les chaussures à la main, elle sortit pour les porter chez le cordonnier. Rose, au volant de sa petite voiture, lui envoya un baiser. Elle riait très fort à quelque chose que lui disait le jeune fiancé blond, assis à côté d'elle. Au coin de la rue, elle se mit à klaxonner, et la petite voiture tourna le coin. En traversant la rue, et jusque chez le cordonnier, madame Louise gardait le sourire qu'elle avait pour Rose. Le cordonnier était là à lire son journal, comme toujours. « Madame ? » dit-il, quand l'ombre de madame Louise l'empêcha de continuer sa lecture.

— Comment ça va ? Vous allez bien ? C'est qu'il y a longtemps que je ne vous ai pas vu ! Je vous apporte mes souliers sport, quelle camelote tout de même !

— Pas le temps.

Le cordonnier tournait la page de journal avec beaucoup de bruit.

— Vous n'avez pas le temps pour moi ?

— Pas le temps…

Madame Louise essayait de dissimuler la paire de chaussures qu'elle avait sous le bras : tout le monde devait voir qu'elle les rapportait. Une brodeuse se penchait par la fenêtre. Deux pigeons se battaient furieusement à coups de bec et d'ailes. Un garçon livreur à bicyclette la dépassa en coup de vent, l'évitant de justesse ; il se retourna en rigolant de la peur qu'il lui avait faite. Il faillit rentrer dans un camion de blanchisseuse qui avançait lentement dans la rue. Madame Louise monta sur le trottoir et s'aplatit contre le mur, pour se garer des ailes de la voiture. Un enfant pleurait à fendre l'âme, couvrant une voix grondeuse. Cela devait être Jacquot, il ne fait que pleurer, cet enfant...

En rentrant chez elle, madame Louise posa les chaussures sur la table, et allait s'étendre tant elle se sentait brusquement fatiguée, quand un bruit d'eau derrière le paravent la frappa désagréablement : « Zut ! j'ai laissé le robinet ouvert ! La cuisine va être inondée... » Elle s'y précipita : l'homme-serpent, le torse nu, s'ébrouait sous le robinet. « Eh bien, dit-il, tu t'en vas pour des heures et tu laisses la porte ouverte ?... — Ce que tu m'as fait peur... » Madame Louise alla s'étendre sur le lit, son cœur battait jusque dans les bouts de ses doigts.

Simon remuait derrière le paravent. Il parut enfin, habillé de neuf, costume et chaussures, un peu de rose aux pommettes.

— Voilà, dit-il, en s'asseyant sur le bord du lit, il faut que je te dise tout de suite que je te plaque. Tu peux garder le gosse, je trouve que c'est à la mère de s'occuper d'un enfant. Moi, je vais faire ma vie ailleurs.

Madame Louise se souleva à demi, elle avait les mains jointes, ses sourcils fins se dessinaient nettement sur un front jauni : « Simon, dit-elle, tu ne vas pas me faire ça !... » Simon se leva, les mains dans les poches de son nouveau complet : « Tu ne vas pas te mettre à chialer !… T'es plus riche que moi avec la boutique, puisqu'elle est à toi, d'ailleurs moi, je ne suis bon à rien, n'est-ce pas ? Alors ne compte pas sur les subsides… Je te laisse mes frusques… »

Elle entendit claquer la porte.

Raymond fut parfait. Elle le trouva à son hôtel prêt à sortir, mais quand il entendit ce qui s'était passé, il posa son chapeau, prit madame Louise dans ses bras confortables, et l'embrassa si bien, qu'ils ne ressortirent qu'après dix heures, juste le temps de prendre un morceau avant d'aller à sa boîte.

Raymond mangeait un gros sandwich au jambon. La bière lui avait fait des petites moustaches de mousse au-dessus de ses lèvres boudeuses.

— Il ne faut rien exagérer, madame Louise, maintenant tu vas rentrer gentiment chez toi et tu feras dodo, comme une bonne petite fille…

Madame Louise se mouchait.

— Mais puisque tu ne pouvais pas le sentir ! Ça ne fait rien, ce n'est tout de même pas comme ça qu'on s'y prend pour quitter une femme. Il n'a pas de savoir-vivre, ce coco-là !

— N'est-ce pas ? Un mufle, un salaud !

— Ne t'énerve pas, ma petite fille, rentre maintenant chez toi et couche-toi, hein ? Tu es toute pâle, tu n'as rien mangé…

Ce qu'il était bon, Raymond, ce qu'il était bon…

— Tu prendras un taxi, madame Louise. Je viendrai te dire un petit bonjour demain, après-demain.

Montmartre était déjà illuminé. Il pleuvait juste assez pour donner du brillant au pavé, aux glaces, aux vernis. Les bijoux des femmes qui descendaient des voitures accrochaient les lumières. Madame Louise s'engouffra dans un taxi noir et mouillé. La pluie, les pas, les voix avaient l'air de l'ignorer, elle se sentait comme une gosse avec qui personne ne veut jouer…

Une fois dans le lit, elle eut enfin une bonne crise de larmes, abondante et décongestionnante. Elle put penser autre chose que : « Le salaud, le salaud ! » Ce n'est pas parce que l'homme-serpent était le père de Michel, que madame Louise aurait eu l'idée de le considérer comme un homme. Pourtant il y avait certainement quelque femme là-dessous… Madame Louise se retournait dans le lit. Simon, un homme, laissez-moi rire ! Elle pensait avec complaisance à Raymond… Ce n'est pas tout ça, mais qu'est-ce qu'elle allait faire maintenant ? Dans la rue, on n'y verrait que du feu : Simon s'absentait si souvent, que pendant quelque temps personne ne dirait rien. Mais les beaux-parents… Cette vieille garce de belle-mère trouverait des choses pour excuser son avorton. Un avorton, une demi-portion, voilà ce qu'il était, ce salaud qu'elle avait supporté pendant dix ans ! M. Frédéric aura raconté ses potins sur Raymond à tout le monde. Heureusement qu'elle n'avait dit à personne qu'elle avait rencontré l'amoureux, comme ça on pouvait encore supposer qu'il s'était tué pour elle… Les hommes, tous les mêmes ! Si elle réussissait à vendre le pas-de-porte de la boutique, elle pourrait aller vivre avec Michel dans un autre quartier. À Montmartre, on trouve des logements pour pas cher. Qu'est-ce qu'on lui donnerait ? Trente, quarante billets ?… Elle s'imagina la sensation que cela ferait dans la rue. Elle aimerait partir avant qu'on sache que Simon l'a plaquée. Comme il lui a dit ça : « Je te plaque !… » Un mufle ! Est-ce comme ça qu'on quitte une femme, la mère de votre enfant ? Il n'a pas de savoir-vivre, ce mufle !

Elle pleura encore, les pieds douillettement enveloppés dans sa longue chemise de batiste rose.

Il fallait tout de même décider quelque chose. Si elle laissait le gosse chez les beaux-parents ? Elle le reprendrait plus tard… En attendant, elle serait libre.

Une angoisse terrible l'immobilisa dans le lit. Libre… Pour quoi faire ?… La tête sous les couvertures, mais il fallait quand même qu'elle se le dise : il n'y avait pas à compter sur Raymond. Elle, elle avait du savoir-vivre.

Tout le lendemain, madame Louise resta à l'épicerie. On est venu acheter quelques citrons, du vin, un kilo de sel… Tout avait l'air si normal, à ne pas y croire. Vers le soir, Rose a arrêté sa petite voiture devant la porte de la boutique. Elle portait un tailleur fort bien coupé, ses cheveux soignés faisaient, sous le feutre, des boucles soyeuses. Elle avait déjà l'air d'une femme à qui un de ces jours la zibeline va tomber toute seule sur le dos. Enfin, quand je dis toute seule…

Madame Louise était vraiment contente de la voir :

— Alors, qu'est-ce que tu deviens, ma petite ? On ne te voit plus !

— Vous savez, quand on est fiancée…

Elle tournait autour de son doigt maigre une bague : c'était un saphir, entouré de petits brillants. Madame Louise s'extasia. Rose avait loué un appartement aux Ternes, elle était occupée à l'installer. Ils se marieraient dès que Jean aurait terminé son service militaire, dans trois mois. Dans la demi-obscurité de la boutique, Rose avait l'air d'être toujours la même, c'était sa voix rauque, ses hanches maigres sous la jupe collante. Pourtant il y avait quelque chose d'étranger en elle, elle avait déjà quitté la rue, elle allait prendre d'autres rues.

— Et l'amoureux ? demanda-t-elle, en remontant dans sa voiture. Disparu ? C'est-y que vous ne lui plaisez plus, madame Louise ?

Madame Louise sourit :

— Peut-être bien… Ou alors, il est mort peut-être.

Rose partie, madame Louise retourna dans sa boutique. Plus d'amoureux, plus de Simon, plus de Rose… Jusqu'au cordonnier qui ne veut plus ressemeler ses chaussures, ses jolies chaussures sport qu'elle avait achetées pour aller au bois de Vincennes. D'abord elles lui avaient fait mal, et maintenant qu'elle était bien dedans, elles avaient des trous aux semelles.

M. Frédéric, qui passait, lui fit un grand coup de chapeau, mais ne s'arrêta pas : c'est vindicatif, ces êtres au teint bilieux. Il a le teint de Simon. Ils étaient faits pour se comprendre. Dans sa rage, madame Louise ne pensait même plus à combien de fois Simon lui avait dit : « Si je rencontre ce flic chez moi, je le fous dehors à grands coups de pied dans le cul ! »

Tant pis, elle allait fermer, elle était trop énervée. La marchande d'huîtres, madame Labasque, qui la regardait poser les volets, disait au patron, comme toujours immobile près de sa caisse : « Ça n'a pas duré, la voilà qui ferme. Qu'est-ce qu'elle se croit cette viande ! Tout le quartier lui est passé sur le dos. M. Frédéric n'est pas dégoûté ! » Le patron ne dit rien, il y avait juste ses paupières qui battirent, comme sautent les chiffres dans l'œil de sa caisse, quand il en tourne la manivelle.

À l'intérieur de la boutique, encombrée par les caisses et les paniers de l'étalage, madame Louise rangeait fébrilement. Tout un panier était déjà plein de pommes et de poires abîmées, elle ajoutait des salades. C'était pour la patronne du Providence-Hôtel : cette dame allait tous les samedis en banlieue, où elle possédait une villa, et madame Louise lui donnait ces déchets pour les lapins.

Madame Louise déposa le panier dans la cour. La patronne la remercia, mais tout juste. Pourtant cette fois-ci madame Louise avait ajouté deux bons kilos de tomates, pour la dame personnellement :

— Elles sont très mûres, Madame, et comme je m'en vais pour deux jours, elles se perdraient…

Madame Louise avait vite fait de ramasser ses affaires dans une petite valise noire : savon, serviette, peigne… Elle prit mille francs cachés sous les draps. Le train partait à 23 heures, elle arriverait chez les beaux-parents tôt le matin. Le petit corps chaud de Michel, encore au lit !

Le lendemain du départ de madame Louise, on a vu, au café d'en face, Raymond en grande conversation avec la marchande d'huîtres. Même qu'il est resté dîner avec elle et le patron.

Madame Louise ne rentra qu'au bout d'un mois. Avec la petite valise et sans Michel. La rue était là, avec son ciel bleu et ses pigeons. Les volets de la boutique étaient bien fermés. Elle n'a rencontré personne ni dans la rue, ni en traversant l'hôtel pour aller dans la cour. Le logement sentait très fort les fruits. Madame Louise alluma pour ouvrir les persiennes et poussa un cri : deux gros rats la regardaient, méchants comme sa belle-mère. Ils filèrent du côté de la boutique. Heureusement que madame Louise n'était pas peureuse. Elle enleva son béret devant l'armoire à glace : la permanente n'était plus qu'un souvenir. Madame Louise passa dans la boutique. C'était à peine respirable là-dedans, à l'odeur des fruits se mêlait l'odeur des fromages... Qu'est-ce qu'il y aura comme marchandise gâchée ! Une honte... Elle poussa un petit cri, il y avait un panier qui bougeait au fond : encore des rats probablement. Sans attendre, madame Louise se mit en devoir de ranger, elle soulevait des caisses, montait sur un escabeau, triait... Un rat lui passa entre les jambes. Sales bêtes ! Elle n'en avait jamais vu dans la boutique, bien qu'on les entendît parfois remuer près des poubelles, dans la cour. Il paraît qu'ils viennent vous mordre, pendant qu'on dort.

Il faisait presque nuit quand madame Louise eut fini ses rangements. Personne n'était venu lui dire bonjour. Il est vrai qu'elle n'avait pas enlevé les volets, mais on ne lui ferait pas croire qu'on ne l'avait pas vue rentrer, ou que la lumière de l'intérieur de la boutique n'avait pas attiré l'attention.

Elle dîna avec un peu de fromage, un biscuit, un verre de vin… Après toute une nuit de voyage et toutes ces caisses qu'elle avait remuées, elle était fourbue. Elle s'endormit, à peine sa tête avait-elle touché l'oreiller. Pour se réveiller presque aussitôt, à cause des rats qui menaient un train infernal dans la boutique.

Entre les rats et les idées noires de l'insomnie… Tout ce qu'il lui avait fallu supporter chez les beaux-parents ! Dans cette maison aux abords d'une petite ville où on avait fêté sa noce, madame Louise avait rapidement perdu son aplomb, devant la belle-mère en robe noire, avec une pèlerine tricotée noire sur les épaules. Puisque Simon la quittait, c'était donc qu'elle s'était conduite comme une gourgandine. Elle ne s'est pas gênée, la belle-mère, pour l'injurier copieusement. Ce qui faisait rager madame Louise, c'était que, bien que Simon fût parti pour des raisons à lui, et sans s'être probablement aperçu de rien, elle avait l'air d'avoir raison, la belle-mère. Michel était toute la sainte journée par monts et par vaux avec d'autres galopins de son âge. Il avait grandi, avait de bonnes joues, et ne s'intéressait guère à sa mère. Ils pouvaient le garder… Le beau-père, un grand vieillard en veste de velours, avait été garde-chasse dans les bois du château voisin et touchait maintenant une pension. Ils vivaient, les deux vieux, dans cette maison trop grande pour eux, Michel ne les dérangeait pas, au contraire… Madame Louise retrouva pendant un mois les draps rugueux, le café de chicorée, le gros pain et la voix insultante de la belle-mère. Elle accepta de laver par terre, d'écouter ronfler et cracher le beau-père, se laissa injurier par sa belle-mère et repartit avec une procuration pour la vente de l'épicerie. Elle allait donc pouvoir se débarrasser de la boutique, de la rue, de la marchande d'huîtres, du cordonnier…

Quelle nuit !… Elle se leva au petit matin dans un état de fatigue et d'exaspération complètes. Il ne fallait pas se laisser aller, cela ferait trop plaisir aux gens. Elle se lava à grande eau. Chez les beaux-parents, il fallait pomper l'eau dans la cour, elle regardait avec satisfaction l'eau qui coulait du robinet sur ses belles épaules, elle frottait ses petites oreilles… Est-ce qu'elle est faite pour s'enterrer dans un trou de province, pour laver par terre, et porter des robes noires… Très peu pour moi !

Madame Louise s'habilla avec soin, se mit de la poudre, du rouge, essaya d'arranger ses pauvres cheveux ternis, brûlés par la permanente. Une blouse de soie rose. Elle se trouva jolie. Une tasse de café chaud avec du lait condensé, une biscotte… Avec ce qu'elle avait dans la boutique, elle pouvait ne pas sortir du tout et elle ne mourrait pas de faim !

Elle avait l'intention d'aller voir madame Decoin, qui devait être depuis longtemps sortie de l'hôpital. Il était encore tôt, mais tant pis.

Le café d'en face avait l'air désert. L'échoppe du cordonnier était fermée. Une auto était arrêtée devant la maison qui avait des plantes vertes dans sa cour. Jacquot pleurait et criait comme toujours. Madame Louise entrevit la mère de Rose qui balayait son escalier. Voici la maison de madame Decoin.

Madame Louise passa la tête dans la porte de la loge : une femme qu'elle ne connaissait pas épluchait des pommes de terre, assise devant la table. Une très grosse femme sale.

— Madame Decoin n'est donc pas rentrée de l'hôpital ? dit madame Louise.

Elle regardait avec étonnement un grand lit en cuivre, couvert d'une couverture en grosse dentelle et un édredon bouton d'or. Elle ne connaissait pas ce lit. Ni la suspension avec des fleurs de couleur sur les coupes de verre dépoli, ni le fauteuil en velours marron. Sur la cheminée il y avait la photo d'un soldat et celle d'un môme nu, couché sur le ventre…

— Madame Decoin ? dit la grosse femme, s'arrêtant d'éplucher les pommes de terre. Vous êtes une parente ?

— Non, je suis une amie, je tiens l'épicerie en face du café…

— Ah, fit la grosse, et elle avait l'air d'être au

courant. Ben, ma pauvre dame, madame Decoin est morte voilà trois semaines… J'ai repris la loge. Alors, vous voilà revenue ?…

— Oui, Madame, excusez-moi, Madame…

Comment est-elle rentrée chez elle, avait-elle couru, s'était-elle traînée, avait-elle rencontré des gens, l'a-t-on saluée… Mourir comme ça. Même madame Decoin l'avait prise en traître. Tout le monde au monde l'abandonnait… Mourir comme ça !…

Il ne faisait pas chaud dans l'arrière-boutique et la cuisinière ne voulait pas prendre, elle fumait. Les rats étaient déchaînés ! Si c'était comme ça dans la journée, qu'est-ce que cela serait la nuit ! Aller voir Raymond avec ses yeux bouffis ? Cela se passerait. Mais les rides du front n'allaient pas disparaître ni en un jour, ni dans cent jours… Sera-t-il seulement content de la revoir ?

Madame Louise posa sur la table sa petite valise noire : le savon, une serviette… Elle repartit le même soir.

Sur les volets fermés de la petite épicerie apparut un écriteau : *À vendre*, et le nom d'une agence à laquelle il fallait s'adresser. L'écriteau y resta pendant plusieurs mois. Finalement, quand la patronne du Providence-Hôtel l'eut vendu, le nouveau propriétaire acheta aussi l'épicerie. Elle déparait la façade de l'hôtel. Au printemps suivant, on vit arriver des ouvriers et les voitures ne pouvaient plus du tout passer par la petite rue. Des ouvriers se balançaient sur de dangereuses escarpolettes le long de la façade, un vieillard écartait les passants, pour leur éviter une brique sur la tête. Les travaux, le ravalement finis, il ne restait plus trace de l'épicerie, l'entrée du Providence-Hôtel se trouvait maintenant au beau milieu d'une façade symétrique et étincelante de blancheur.

Rose s'était plusieurs fois enquise dans le voisinage si on n'avait pas vu madame Louise. Mais non, madame Louise n'était jamais revenue chercher ses affaires, en tout cas on ne l'avait pas vue. Une drôle d'histoire tout de même. Ils avaient disparu tous les trois, madame Louise, et le mari, et Michel... Ce n'est pas naturel tout ça... Et Raymond ? Mais Raymond non plus n'avait jamais réapparu. Il devait y avoir des choses pas très catholiques là-dessous... Rose décida d'aller trouver Raymond, elle savait où il travaillait. Mais il y avait les préparatifs du mariage, puis le voyage de noces... Quand une nuit de bringue, à Montmartre, elle pensa à Raymond, il avait quitté l'établissement où il avait travaillé et on n'y connaissait pas son adresse.

C'est grand, Paris, rencontrer quelqu'un à Paris, c'est une coïncidence aussi étrange que de gagner à la loterie. La petite divorcée du

16 rencontra madame Louise dans une boîte de nuit ! Madame Louise portait une robe de velours noir et se tenait accoudée au bar près d'un jeune homme.

— Oh, Charles, regardez cette femme !

C'était une boîte de nuit fort élégante, la petite divorcée avait une robe ravissante, son compagnon qui avait excité l'admiration de Rose, était en habit. Ils essayaient de danser dans une cohue invraisemblable, avec les tables qui empiétaient sur le plancher du dancing.

— La grosse ? En noir ? Qu'est-ce qu'elle a ?

— Mais c'est notre épicière, vous savez la belle épicière de notre rue !

— Ah, la madame Bovary du quartier ! Il me semble qu'elle a mal tourné...

Tout en dansant ils s'approchèrent du bar : madame Louise, une main protectrice sur la manche du petit jeune homme, disait : « Moi, mon petit, j'ai du sex-appeal... »

— C'est trop joli ! Allons nous asseoir, Édith, je voudrais voir ça de plus près...

En ce moment on éteignit les lumières, le triangle d'un projecteur tomba sur les paillettes d'une chanteuse. La petite divorcée et son compagnon ne pensaient plus à madame Louise... Ils en reparlèrent pourtant encore dans la voiture qui les ramenait chez Édith, dans la petite rue, en passant devant l'emplacement de l'épicerie.

— Elle n'a pas l'air d'avoir perdu son aplomb :

« J'ai du sex-appeal ! » C'est curieux comme on peut avoir des illusions !

La voiture s'arrêta devant la porte du 16.

— Je peux monter, Édith ?

— Je suis fatiguée, tu sais. Et puis cette épicière m'a déprimée…

— Je t'aime… Elle ne gardera pas longtemps ses illusions. Dans le métier qu'elle fait, on apprend à être modeste : une femme sait ce qu'elle vaut, puisqu'elle sait ce qu'on lui donne.

— C'est infâme ce que tu dis…

La voiture, pleine de chuchotements et de baisers, resta encore longtemps devant la porte du 16.

Une nuit que le cordonnier revenait tard d'une réunion, il avait, lui aussi, rencontré madame Louise. Il faisait froid. La petite rue, avec ses réverbères haut perchés, et la lune perchée encore plus haut, était pleine de clairs-obscurs et de courants d'air tranchants. C'est à l'entrée de la rue, juste après le café, qu'il avait cru reconnaître le visage blanc de madame Louise. Elle partit devant lui, très vite et sans bruit, sur des semelles de caoutchouc. C'était bien sa démarche. Elle portait un manteau de fourrure et un petit chapeau. Le cordonnier n'était pas homme à raconter ses rencontres.

— Une chambre, au troisième ? Vous tenez au troisième, Monsieur ?

— Oui, Monsieur…

Le patron du Providence-Hôtel tendit une clef à ce tout jeune homme accompagné d'une femme. Et c'est le lendemain matin que la petite rue vit encore une fois madame Louise : son corps gisait sur le pavé, devant le Providence-Hôtel, le corps du jeune homme était tombé sur le sien, en croix. Madame Louise avait sur elle juste une chemise de nuit rose, transparente, son corps était là, comme un buisson d'hortensias blancs. La tête rejetée en arrière, les cheveux noirs et longs coulaient comme le sang de la large plaie, au front. La tête du gosse reposait sur la paume ouverte de sa main à elle, comme si elle l'avait mise là pour qu'il ne se fît pas mal. Les pieds de madame Louise, potelés et incroyablement roses, touchaient le trottoir d'en face.

M. Frédéric, très affairé, l'air important, entra au café. Madame Labasque, la marchande d'huîtres, se précipita à sa rencontre, traînant derrière elle la pelote de laine qu'elle laissa tomber de ses genoux :

— Alors ?

— Alors… dit M. Frédéric, en prenant son temps. Il n'a que trois étages, l'hôtel, il n'y a pas de quoi se tuer, juste de quoi s'amocher. Mais ça alors, bien !… On vous appelle dehors, madame Labasque…

Une dame, impatiente, tenant par la main un petit garçon, criait : « Il n'y a personne pour les huîtres ?… »

Paris-Carcassonne, 1940.

COLLECTION FOLIO 2 €

Dernières parutions

4483. Caryl Férey	*Petit éloge de l'excès*
4484. Jean-Marie Laclavetine	*Petit éloge du temps présent*
4485. Richard Millet	*Petit éloge d'un solitaire*
4486. Boualem Sansal	*Petit éloge de la mémoire*
4518. Renée Vivien	*La Dame à la louve*
4519. Madame Campan	*Mémoires sur la vie privée de Marie-Antoinette* (extraits)
4520. Madame de Genlis	*La Femme auteur*
4521. Elsa Triolet	*Les Amants d'Avignon*
4522. George Sand	*Pauline*
4549. Amaru	*La Centurie. Poèmes amoureux de l'Inde ancienne*
4550. Collectif	*«Mon cher papa…» Des écrivains et leur père*
4551. Joris-Karl Huysmans	*Sac au dos* suivi de *À vau l'eau*
4553. Valery Larbaud	*Mon plus secret conseil…*
4554. Henry Miller	*Lire aux cabinets* précédé d'*Ils étaient vivants et ils m'ont parlé*
4555. Alfred de Musset	*Emmeline* suivi de *Croisilles*
4556. Irène Némirovsky	*Ida* suivi de *La comédie bourgeoise*
4557. Rainer Maria Rilke	*Au fil de la vie. Nouvelles et esquisses*
4558. Edgar Allan Poe	*Petite discussion avec une momie* et autres histoires extraordinaires
4596. Michel Embareck	*Le temps des citrons*
4597. David Shahar	*La moustache du pape* et autres nouvelles
4598. Mark Twain	*Un majestueux fossile littéraire* et autres nouvelles
4618. Stéphane Audeguy	*Petit éloge de la douceur*
4619. Éric Fottorino	*Petit éloge de la bicyclette*
4620. Valentine Goby	*Petit éloge des grandes villes*

4621. Gaëlle Obiégly	*Petit éloge de la jalousie*
4622. Pierre Pelot	*Petit éloge de l'enfance*
4639. Benjamin Constant	*Le Cahier rouge*
4640. Carlos Fuentes	*La Desdichada*
4641. Richard Wright	*L'homme qui a vu l'inondation* suivi de *Là-bas, près de la rivière*
4666. Collectif	*Le pavillon des Parfums-Réunis* et autres nouvelles chinoises des Ming
4667. Thomas Day	*L'automate de Nuremberg*
4668. Lafcadio Hearn	*Ma première journée en Orient* suivi de *Kizuki, le sanctuaire le plus ancien du Japon*
4669. Simone de Beauvoir	*La Femme indépendante*
4670. Rudyard Kipling	*Une vie gaspillée* et autres nouvelles
4671. D. H. Lawrence	*L'épine dans la chair* et autres nouvelles
4672. Luigi Pirandello	*Eau amère* et autres nouvelles
4673. Jules Verne	*Les révoltés de la Bounty* suivi de *Maître Zacharius*
4674. Anne Wiazemsky	*L'île*
4708. Isabelle de Charrière	*Sir Walter Finch et son fils William*
4709. Madame d'Aulnoy	*La Princesse Belle Étoile et le prince Chéri*
4710. Isabelle Eberhardt	*Amours nomades. Nouvelles choisies*
4711. Flora Tristan	*Promenades dans Londres* (extraits)
4737. Joseph Conrad	*Le retour*
4738. Roald Dahl	*Le chien de Claude*
4739. Fédor Dostoïevski	*La femme d'un autre et le mari sous le lit. Une aventure peu ordinaire*
4740. Ernest Hemingway	*La capitale du monde* suivi de *L'heure triomphale de Francis Macomber*
4741. H. P. Lovecraft	*Celui qui chuchotait dans les ténèbres*
4742. Gérard de Nerval	*Pandora* et autres nouvelles
4743. Juan Carlos Onetti	*À une tombe anonyme*
4744. Robert Louis Stevenson	*La chaussée des Merry Men*
4745. Henry David Thoreau	*«Je vivais seul, dans les bois»*
4746. Michel Tournier	*L'aire du Muguet* précédé de *La jeune fille et la mort*

4781. Collectif — *Sur le zinc. Au café avec les écrivains*
4782. Francis Scott Fitzgerald — *L'étrange histoire de Benjamin Button* suivi de *La lie du bonheur*
4783. Lao She — *Le nouvel inspecteur* suivi de *Le croissant de lune*
4784. Guy de Maupassant — *Apparition* et autres contes de l'étrange
4785. D. A. F. de Sade — *Eugénie de Franval. Nouvelle tragique*
4786. Patrick Amine — *Petit éloge de la colère*
4787. Élisabeth Barillé — *Petit éloge du sensible*
4788. Didier Daeninckx — *Petit éloge des faits divers*
4789. Nathalie Kuperman — *Petit éloge de la haine*
4790. Marcel Proust — *La fin de la jalousie* et autres nouvelles
4839. Julian Barnes — *À jamais* et autres nouvelles
4840. John Cheever — *Une Américaine instruite* précédé d'*Adieu, mon frère*
4841. Collectif — *« Que je vous aime, que je t'aime ! » Les plus belles déclarations d'amour*
4842. André Gide — *Souvenirs de la cour d'assises*
4843. Jean Giono — *Notes sur l'affaire Dominici* suivi d'*Essai sur le caractère des personnages*
4844. Jean de La Fontaine — *Comment l'esprit vient aux filles* et autres contes libertins
4845. Yukio Mishima — *Papillon* suivi de *La lionne*
4846. John Steinbeck — *Le meurtre* et autres nouvelles
4847. Anton Tchékhov — *Un royaume de femmes* suivi de *De l'amour*
4848. Voltaire — *L'Affaire du chevalier de La Barre* précédé de *L'Affaire Lally*
4875. Marie d'Agoult — *Premières années (1806-1827)*
4876. Madame de Lafayette — *Histoire de la princesse de Montpensier* et autres nouvelles
4877. Madame Riccoboni — *Histoire de M. le marquis de Cressy*
4878. Madame de Sévigné — *« Je vous écris tous les jours... » Premières lettres à sa fille*
4879. Madame de Staël — *Trois nouvelles*
4911. Karen Blixen — *Saison à Copenhague*

4912. Julio Cortázar — *La porte condamnée* et autres nouvelles fantastiques
4913. Mircea Eliade — *Incognito à Buchenwald...* précédé d'*Adieu !...*
4914. Romain Gary — *Les trésors de la mer Rouge*
4915. Aldous Huxley — *Le jeune Archimède* précédé de *Les Claxton*
4916. Régis Jauffret — *Ce que c'est que l'amour* et autres microfictions
4917. Joseph Kessel — *Une balle perdue*
4919. Junichirô Tanizaki — *Le pont flottant des songes*
4920. Oscar Wilde — *Le portrait de Mr. W.H.*
4953. Eva Almassy — *Petit éloge des petites filles*
4954. Franz Bartelt — *Petit éloge de la vie de tous les jours*
4955. Roger Caillois — *Noé* et autres textes
4956. Casanova — *Madame F.* suivi d'*Henriette*
4957. Henry James — *De Grey, histoire romantique*
4958. Patrick Kéchichian — *Petit éloge du catholicisme*
4959. Michel Lermontov — *La princesse Ligovskoï*
4960. Pierre Péju — *L'idiot de Shanghai* et autres nouvelles
4961. Brina Svit — *Petit éloge de la rupture*
4962. John Updike — *Publicité* et autres nouvelles
5010. Anonyme — *Le Petit-Fils d'Hercule. Un roman libertin*
5011. Marcel Aymé — *La bonne peinture*
5012. Mikhaïl Boulgakov — *J'ai tué* et autres récits
5013. Arthur Conan Doyle — *L'interprète grec* et autres aventures de Sherlock Holmes
5014. Frank Conroy — *Le cas mystérieux de R.* et autres nouvelles
5015. Arthur Conan Doyle — *Une affaire d'identité* et autres aventures de Sherlock Holmes
5016. Cesare Pavese — *Histoire secrète* et autres nouvelles
5017. Graham Swift — *Le sérail* et autres nouvelles
5018. Rabindranath Tagore — *Aux bords du Gange* et autres nouvelles
5019. Émile Zola — *Pour une nuit d'amour* suivi de *L'Inondation*

5060. Anonyme — *L'œil du serpent. Contes folkloriques japonais*

5061. Federico García Lorca — *Romancero gitan* suivi de *Chant funèbre pour Ignacio Sanchez Mejías*

5062. Ray Bradbury — *Le meilleur des mondes possibles* et autres nouvelles

5063. Honoré de Balzac — *La Fausse Maîtresse*

5064. Madame Roland — *Enfance*

5065. Jean-Jacques Rousseau — *« En méditant sur les dispositions de mon âme... »* et autres *Rêveries* suivi de *Mon portrait*

5066. Comtesse de Ségur — *Ourson*

5067. Marguerite de Valois — *Mémoires 1569-1577* (extraits)

5068. Madame de Villeneuve — *La Belle et la Bête*

5069. Louise de Vilmorin — *Sainte-Unefois*

5120. Hans Christian Andersen — *La Vierge des glaces*

5121. Paul Bowles — *L'éducation de Malika*

5122. Collectif — *Au pied du sapin. Contes de Noël*

5123. Vincent Delecroix — *Petit éloge de l'ironie*

5124. Philip K. Dick — *Petit déjeuner au crépuscule* et autres nouvelles

5125. Jean-Baptiste Gendarme — *Petit éloge des voisins*

5126. Bertrand Leclair — *Petit éloge de la paternité*

5127. Alfred de Musset-George Sand — *« Ô mon George, ma belle maîtresse... » Lettres*

5128. Grégoire Polet — *Petit éloge de la gourmandise*

5129. Paul Verlaine — *L'Obsesseur* précédé d'*Histoires comme ça*

5163. Ryûnosuke Akutagawa — *La vie d'un idiot* précédé d'*Engrenage*

5164. Anonyme — *Saga d'Eiríkr le Rouge* suivi de *Saga des Groenlandais*

5165. Antoine Bello — *Go Ganymède !*

5166. Adelbert von Chamisso — *L'étrange histoire de Peter Schlemihl*

5167. Collectif — *L'art du baiser. Les plus beaux baisers de la littérature*

5168. Guy Goffette — *Les derniers planteurs de fumée*

5169. H. P. Lovecraft — *L'horreur de Dunwich*
5170. Léon Tolstoï — *Le Diable*
5184. Alexandre Dumas — *La main droite du sire de Giac* et autres nouvelles
5185. Edith Wharton — *Le miroir* suivi de *Miss Mary Pask*
5231. Théophile Gautier — *La cafetière* et autres contes fantastiques
5232. Claire Messud — *Les Chasseurs*
5233. Dave Eggers — *Du haut de la montagne, une longue descente*
5234. Gustave Flaubert — *Un parfum à sentir ou Les Baladins* suivi de *Passion et vertu*
5235. Carlos Fuentes — *En bonne compagnie* suivi de *La chatte de ma mère*
5236. Ernest Hemingway — *Une drôle de traversée*
5237. Alona Kimhi — *Journal de Berlin*
5239. Kenzaburô Ôé — *Seventeen*
5240. P. G. Wodehouse — *Une partie mixte à trois* et autres nouvelles du green
5290. Jean-Jacques Bernard — *Petit éloge du cinéma d'aujourd'hui*
5291. Jean-Michel Delacomptée — *Petit éloge des amoureux du silence*
5292. Mathieu Terence — *Petit éloge de la joie*
5293. Vincent Wackenheim — *Petit éloge de la première fois*
5294. Richard Bausch — *Téléphone rose* et autres nouvelles
5295. Collectif — *Ne nous fâchons pas ! ou l'art de se disputer au théâtre*
5296. Robin Robertson — *Fiasco ! Des écrivains en scène*
5297. Miguel de Unamuno — *Des yeux pour voir* et autres contes
5298. Jules Verne — *Une fantaisie du Docteur Ox*
5299. Robert Charles Wilson — *YFL-500* suivi du *Mariage de la dryade*
5347. Honoré de Balzac — *Philosophie de la vie conjugale*
5348. Thomas De Quincey — *Le bras de la vengeance*
5349. Charles Dickens — *L'Embranchement de Mugby*
5351. Marcus Malte — *Mon frère est parti ce matin...*
5352. Vladimir Nabokov — *Natacha* et autres nouvelles
5353. Arthur Conan Doyle — *Un scandale en Bohême* suivi d'*Étoile d'argent. Deux aventures de Sherlock Holmes*

5354. Jean Rouaud — *Préhistoires*
5355. Mario Soldati — *Le père des orphelins*
5356. Oscar Wilde — *Maximes* et autres textes
5415. Franz Bartelt — *Une sainte fille* et autres nouvelles
5416. Mikhaïl Boulgakov — *Morphine*
5417. Guillermo Cabrera Infante — *Coupable d'avoir dansé le cha-cha-cha*
5418. Collectif — *Jouons avec les mots. Jeux littéraires*
5419. Guy de Maupassant — *Contes au fil de l'eau*
5420. Thomas Hardy — *Les intrus de la Maison Haute* précédé d'un autre conte du Wessex
5421. Mohamed Kacimi — *La confession d'Abraham*
5422. Orhan Pamuk — *Mon père* et autres textes
5423. Jonathan Swift — *Modeste proposition* et autres textes
5424. Sylvain Tesson — *L'éternel retour*
5462. Lewis Carroll — *Misch-masch* et autres textes de jeunesse
5463. Collectif — *Un voyage érotique. Invitations à l'amour dans la littérature du monde entier*
5465. William Faulkner — *Coucher de soleil* et autres Croquis de La Nouvelle-Orléans
5466. Jack Kerouac — *Sur les origines d'une génération* suivi de *Le dernier mot*
5467. Liu Xinwu — *La Cendrillon du canal* suivi de *Poisson à face humaine*
5468. Patrick Pécherot — *Petit éloge des coins de rue*
5469. George Sand — *Le château de Pictordu*
5471. Martin Winckler — *Petit éloge des séries télé*
5526. Jacques Ellul — « *Je suis sincère avec moi-même* » et autres lieux communs
5527. Liu An — *Du monde des hommes. De l'art de vivre parmi ses semblables*
5531. Jacques de Voragine — *La Légende dorée. Vie et mort de saintes illustres*
5532. Grimm — *Hänsel et Gretel* et autres contes
5590. Anonyme — *Le brahmane et le pot de farine. Contes édifiants du* Pañcatantra

5592. Xun zi — *Traité sur le Ciel* et autres textes
5606. Collectif — *Un oui pour la vie ? Le mariage en littérature*
5607. Éric Fottorino — *Petit éloge du Tour de France*
5608. E. T. A. Hoffmann — *Ignace Denner*
5609. Frédéric Martinez — *Petit éloge des vacances*
5610. Sylvia Plath — *Dimanche chez les Minton* et autres nouvelles
5611. Lucien — *« Sur des aventures que je n'ai pas eues ». Histoire véritable*
5631. Boccace — *Le Décaméron. Première journée*
5632. Isaac Babel — *Une soirée chez l'impératrice* et autres récits
5633. Saul Bellow — *Un futur père* et autres nouvelles
5634. Belinda Cannone — *Petit éloge du désir*
5635. Collectif — *Faites vos jeux ! Les jeux en littérature*
5636. Collectif — *Jouons encore avec les mots. Nouveaux jeux littéraires*
5637. Denis Diderot — *Sur les femmes* et autres textes
5638. Elsa Marpeau — *Petit éloge des brunes*
5639. Edgar Allan Poe — *Le sphinx* et autres contes
5640. Virginia Woolf — *Le quatuor à cordes* et autres nouvelles
5714. Guillaume Apollinaire — *« Mon cher petit Lou ». Lettres à Lou*
5715. Jorge Luis Borges — *Le Sud* et autres fictions
5717. Chamfort — *Maximes* suivi de *Pensées morales*
5718. Ariane Charton — *Petit éloge de l'héroïsme*
5719. Collectif — *Le goût du zen. Recueil de propos et d'anecdotes*
5720. Collectif — *À vos marques ! Nouvelles sportives*
5721. Olympe de Gouges — *« Femme, réveille-toi ! » Déclaration des droits de la femme et de la citoyenne* et autres écrits
5722. Tristan Garcia — *Le saut de Malmö* et autres nouvelles
5723. Silvina Ocampo — *La musique de la pluie* et autres nouvelles

5758. Anonyme	*Fioretti. Légendes de saint François d'Assise*
5760. Leonardo Sciascia	*La tante d'Amérique*
5761. Prosper Mérimée	*La perle de Tolède* et autres nouvelles
5762. Amos Oz	*Chanter* et autres nouvelles
5794. James Joyce	*Un petit nuage* et autres nouvelles
5795. Blaise Cendrars	*L'Amiral*
5797. Ueda Akinari	*La maison dans les roseaux* et autres contes
5798. Alexandre Pouchkine	*Le coup de pistolet* et autres récits de feu Ivan Pétrovitch Bielkine
5818. Mohammed Aïssaoui	*Petit éloge des souvenirs*
5819. Ingrid Astier	*Petit éloge de la nuit*
5820. Denis Grozdanovitch	*Petit éloge du temps comme il va*
5821. Akira Mizubayashi	*Petit éloge de l'errance*
5835. Francis Scott Fitzgerald	*Bernice se coiffe à la garçonne* précédé du *Pirate de la côte*
5836. Baltasar Gracian	*L'Art de vivre avec élégance. Cent maximes de* L'Homme de cour
5837. Montesquieu	*Plaisirs et bonheur* et autres *Pensées*
5838. Ihara Saikaku	*Histoire du tonnelier tombé amoureux* suivi d'*Histoire de Gengobei*
5839. Tang Zhen	*Des moyens de la sagesse* et autres textes
5856. Collectif	*C'est la fête ! La littérature en fêtes*
5896. Collectif	*Transports amoureux. Nouvelles ferroviaires*
5897. Alain Damasio	*So phare away* et autres nouvelles
5898. Marc Dugain	*Les vitamines du soleil*
5899. Louis Charles Fougeret de Monbron	*Margot la ravaudeuse*
5900. Henry James	*Le fantôme locataire* précédé d'*Histoire singulière de quelques vieux habits*
5901. François Poullain de La Barre	*De l'égalité des deux sexes*
5902. Junichirô Tanizaki	*Le pied de Fumiko* précédé de *La complainte de la sirène*
5903. Ferdinand von Schirach	*Le hérisson* et autres nouvelles

5904. Oscar Wilde — *Le millionnaire modèle* et autres contes
5905. Stefan Zweig — *Découverte inopinée d'un vrai métier* suivi de *La vieille dette*
5935. Chimamanda Ngozi Adichie — *Nous sommes tous des féministes* suivi des *Marieuses*
5973. Collectif — *Pourquoi l'eau de mer est salée* et autres contes de Corée
5974. Honoré de Balzac — *Voyage de Paris à Java* suivi d'*Un drame au bord de la mer*
5975. Collectif — *Des mots et des lettres. Énigmes et jeux littéraires*
5976. Joseph Kessel — *Le paradis du Kilimandjaro* et autres reportages
5977. Jack London — *Une odyssée du Grand Nord* précédé du *Silence blanc*
5992. Pef — *Petit éloge de la lecture*
5994. Thierry Bourcy — *Petit éloge du petit déjeuner*
5995. Italo Calvino — *L'oncle aquatique* et autres récits cosmicomics
5996. Gérard de Nerval — *Le harem* suivi d'*Histoire du calife Hakem*
5997. Georges Simenon — *L'Étoile du Nord* et autres enquêtes de Maigret
5998. William Styron — *Marriott le marine*
5999. Anton Tchékhov — *Les groseilliers* et autres nouvelles
6001. P'ou Song-ling — *La femme à la veste verte. Contes extraordinaires du Pavillon du Loisir*
6002. H. G. Wells — *Le cambriolage d'Hammerpond Park* et autres nouvelles extravagantes
6042. Collectif — *Joyeux Noël ! Histoires à lire au pied du sapin*
6083. Anonyme — *Saga de Hávardr de l'Ísafjördr. Saga islandaise*

6084. René Barjavel — *Les enfants de l'ombre* et autres nouvelles

6085. Tonino Benacquista — *L'aboyeur* précédé de *L'origine des fonds*

6086. Karen Blixen — *Histoire du petit mousse* et autres contes d'hiver

6087. Truman Capote — *La guitare de diamants* et autres nouvelles

6088. Collectif — *L'art d'aimer. Les plus belles nuits d'amour de la littérature*

6089. Jean-Philippe Jaworski — *Comment Blandin fut perdu* précédé de *Montefellóne. Deux récits du Vieux Royaume*

6090. D.A.F. de Sade — *L'Heureuse Feinte* et autres contes étranges

6091. Voltaire — *Le taureau blanc* et autres contes

6111. Mary Wollstonecraft — *Défense des droits des femmes* (extraits)

6159. Collectif — *Les mots pour le lire. Jeux littéraires*

6160. Théophile Gautier — *La Mille et Deuxième Nuit* et autres contes

6161. Roald Dahl — *À moi la vengeance S.A.R.L.* suivi de *Madame Bixby et le manteau du Colonel*

6162. Scholastique Mukasonga — *La vache du roi Musinga* et autres nouvelles rwandaises

6163. Mark Twain — *À quoi rêvent les garçons. Un apprenti pilote sur le Mississippi*

6178. Oscar Wilde — *Le Pêcheur et son Âme* et autres contes

6179. Nathacha Appanah — *Petit éloge des fantômes*

6180. Arthur Conan Doyle — *La maison vide* précédé du *Dernier problème. Deux aventures de Sherlock Holmes*

6181. Sylvain Tesson — *Le téléphérique* et autres nouvelles

6182. Léon Tolstoï — *Le cheval* suivi d'*Albert*

6183. Voisenon — *Le sultan Misapouf et la princesse Grisemine*

6184. Stefan Zweig — *Était-ce lui ?* précédé d'*Un homme qu'on n'oublie pas*

6210. Collectif — *Paris sera toujours une fête. Les plus grands auteurs célèbrent notre capitale*

6211. André Malraux — *Malraux face aux jeunes. Mai 68, avant, après. Entretiens inédits*

6241. Anton Tchékhov — *Les méfaits du tabac* et autres pièces en un acte

6242. Marcel Proust — *Journées de lecture*

6243. Franz Kafka — *Le Verdict – À la colonie pénitentiaire*

6245. Joseph Conrad — *L'associé*

6246. Jules Barbey d'Aurevilly — *La Vengeance d'une femme* précédé du *Dessous de cartes d'une partie de whist*

6285. Jules Michelet — *Jeanne d'Arc*

6286. Collectif — *Les écrivains engagent le débat. De Mirabeau à Malraux, 12 discours d'hommes de lettres à l'Assemblée nationale*

6319. Emmanuel Bove — *Bécon-les-Bruyères* suivi du *Retour de l'enfant*

6320. Dashiell Hammett — *Tulip*

6321. Stendhal — *L'abbesse de Castro*

6322. Marie-Catherine Hecquet — *Histoire d'une jeune fille sauvage trouvée dans les bois à l'âge de dix ans*

6323. Gustave Flaubert — *Le Dictionnaire des idées reçues*

6324. F. Scott Fitzgerald — *Le réconciliateur* suivi de *Gretchen au bois dormant*

6358. Sébastien Raizer — *Petit éloge du zen*

6359. Pef — *Petit éloge de lecteurs*

6360. Marcel Aymé — *Traversée de Paris*

6361. Virginia Woolf — *En compagnie de Mrs Dalloway*

6362. Fédor Dostoïevski — *Un petit héros*

6395. Truman Capote — *New York, Haïti, Tanger* et autres lieux

6396. Jim Harrison — *La fille du fermier*

6412. Léon-Paul Fargue — *Mon quartier* et autres lieux parisiens

6413. Washington Irving — *La Légende de Sleepy Hollow*

6414. Henry James	*Le Motif dans le tapis*
6415. Marivaux	*Arlequin poli par l'amour* et autres pièces en un acte
6417. Vivant Denon	*Point de lendemain*
6418. Stefan Zweig	*Brûlant secret*
6459. Simone de Beauvoir	*L'âge de discrétion*
6460. Charles Dickens	*À lire au crépuscule* et autres histoires de fantômes
6493. Jean-Jacques Rousseau	*Lettres sur la botanique*
6494. Giovanni Verga	*La Louve* et autres récits de Sicile
6495. Raymond Chandler	*Déniche la fille*
6496. Jack London	*Une femme de cran* et autres nouvelles
6528. Michel Déon	*Un citron de Limone* suivi d'*Oublie...*
6530. François Garde	*Petit éloge de l'outre-mer*
6531. Didier Pourquery	*Petit éloge du jazz*
6532. Patti Smith	*« Rien que des gamins »*
6546. Barack Obama	*Discours choisis*
6563. Jean Giono	*Refus d'obéissance*
6564. Ivan Tourguéniev	*Les Eaux tranquilles*
6566. Collectif	*Déclaration universelle des droits de l'homme*
6567. Collectif	*Bonne année ! 10 réveillons littéraires*
6579. Honoré de Balzac	*La Vendetta*
6580. Antoine Bello	*Manikin 100*
6581. Ian McEwan	*Mon roman pourpre aux pages parfumées* et autres nouvelles
6582. Irène Némirovsky	*Film parlé*
6618. Chimamanda Ngozi Adichie	*Le tremblement* précédé de *Lundi de la semaine dernière*
6619. Elsa Triolet	*Le destin personnel* suivi de *La belle épicière*

Composition : Nord Compo
Impression Novoprint
à Barcelone, le 05 février 2019
Dépôt légal : février 2019

ISBN 978-2-07-283774-6 / Imprimé en Espagne.

346688